KB204374

# 근현대 전법 선맥(傳法禪脈)

## 75조 경허 성우(鏡虛 惺牛) 전법선사

오도송

홀연히 콧구멍 없는 소 되라는 말끝에
삼천계가 내 집임을 단박에 깨달았네
유월의 연암산을 내려가는 길에서
일없는 야인이 태평가를 부르노라

忽聞人語無鼻孔
頓覺三千是我家
六月鷰岩山下路
野人無事太平歌

## 76조 만공 월면(滿空 月面) 전법선사

전법게

구름과 달, 산과 계곡이라, 곳곳에서 같음이여
선가의 나의 제자 수산의 큰 가풍일세
은근히 무문인을 그대에게 분부하니
이 기틀의 방편이 활안 중에 있노라

雲月溪山處處同
叟山禪子大家風
慇懃分付無文印
一段機權活眼中

* 제75조 경허 성우 전법선사 전함 / 제76조 만공 월면 전법선사 받음

## 77조 전강 영신(田岡 永信) 전법선사

전법게

불조도 전한 바 없어서
나 또한 얻은 바 없음을…
가을빛 저물어 가는 날에
뒷산의 원숭이가 울고 있네

佛祖未曾傳
我亦無所得
此日秋色暮
猿嘯在後峰

* 제76조 만공 월면 전법선사 전함 / 제77조 전강 영신 전법선사 받음

## 78대 농선 대원(弄禪 大圓) 전법선사

전법게

부처와 조사도 일찍이 전한 것이 아니거늘
나 또한 어찌 받았다 하며 준다 할 것인가
이 법이 2천년대에 이르러서
널리 천하 사람을 제도하리라

佛祖未曾傳
我亦何受授
此法二千年
廣度天下人

부송(付頌)

어상을 내리지 않고 이러-히 대한다 함이여
뒷날 돌아이가 구멍 없는 피리를 불리니
이로부터 불법이 천하에 가득하리라

不下御床對如是
後日石兒吹無孔
自此佛法滿天下

* 제77조 전강 영신 전법선사 전함 / 제78대 농선 대원 전법선사 받음

이 오도송과 전법게는 농선 대원 선사님께서 법리에 맞도록 새롭게 번역한 것입니다.

불조정맥 제77조 대한불교 조계종 전강 대선사님께서는, 16세에 출가하여 23세 때 첫 깨달음을 얻고 25세에 인가를 받으셨다. 당대의 7대 선지식인 만공, 혜봉, 혜월, 한암, 금봉, 보월, 용성 선사님의 인가를 한 몸에 받으셨으며, 이 중 만공 선사님께 전법게를 받아 그 뒤를 이으셨다. 당대의 선지식들이 모두 극찬할 정도로 그 법이 뛰어나서 '지혜제일 정전강'이라 불렸다.

33세의 최연소의 나이로 통도사 조실을 하셨고, 법주사, 망월사, 동화사, 범어사, 천축사, 용주사, 정각사 등 유명선원 조실을 역임하시고 인천 용화사 법보선원의 조실로 일생을 마치셨다.

1975년 1월 13일, 용화사 법보선원의 천여 명 대중 앞에서 "어떤 것이 생사대사(生死大事)인고?" 자문한 후에 "악! 구구는 번성(繙成) 팔십일이니라."라고 법문한 뒤, 눈을 감고 좌탈입망하셨다.

다비를 하던 날, 화려한 불빛이 일고 정골에서 구슬 같은 사리가 무수히 나왔다. 열반하시기까지 한결같이 공안 법문으로 최상승법을 드날리셨으니 그 투철한 깨달음과 뛰어난 법, 널리 교화하기를 그치지 않으셨던 점에 있어서 한국 근대 선종의 거목이라 일컬어지고 있다.

불조정맥 제78대 농선 대원 전법선사님
- 전강대법회에서 법문 중 할을 하시는 모습

오로지 정법만을 깨닫기 서원합니다.

입을 열면 정법만을 설하기 서원합니다.

중생이 다하는 그날까지 교화하기 서원합니다.

- 농선 대원 전법선사의 3대 서원

# 불교 8대 선언문

불교는 자신에게서 영생을 발견하게 한 유일한 종교이다.
불교는 자신에게서 모든 지혜를 발견하게 한 유일한 종교이다.
불교는 자신에게서 모든 능력을 발견하게 한 유일한 종교이다.
불교는 자신에게서 모든 것을 이루게 한 유일한 종교이다.
불교는 자신에게서 극락을 발견하게 한 유일한 종교이다.
불교는 깨달으면 차별 없어 평등하다는 유일한 종교이다.
불교는 모든 억압 없이 자신감을 갖게 한 유일한 종교이다.
불교는 그러므로 온 누리에 영원할 만인의 종교이다.

- 농선 대원 전법선사 주창

## 전세계의 불교계에서 통일시켜야 할 일

경전의 말씀대로 32상과 80종호를 갖춘 불상으로 통일해야 한다.

예불 드리는 법을 통일해야 한다.

불공의식을 통일해야 한다.

- 농선 대원 전법선사 주창

2018년 이문절 포천정맥선원 농선 대원 선사님의 법회

# 대방광불화엄경

大 方 廣 佛 華 嚴 經

## 제 45 권

아승기품　여래수량품　제보살주처품

阿僧祇品　如來壽量品　諸菩薩住處品

도서출판 문젠(구, 바로보인)은 정맥선원에서 운영하고 있습니다.

* 인제산(人濟山) 성불사(成佛寺) 국제정맥선원
  경기도 포천시 내촌면 소리개길 86-178 ☎ 031-531-8805 ☎ 010-6431-8805
* 인제산(人濟山) 이문절 포천정맥선원
  경기도 포천시 내촌면 소리개길 86-123 ☎ 031-531-2433 ☎ 010-3880-8980
* 자모산(慈母山) 육조사(六祖寺) 청도정맥선원
  경북 청도군 매전면 동산리 산 50 ☎ 010-9800-6109
* 백양산(白楊山) 자모사(慈母寺) 부산정맥선원
  부산시 동래구 아시아드대로 114번길 10 대륙코리아나 2층 212호
  ☎ 051-503-6460 ☎ 010-2951-8667
* 광암산(光巖山) 성도사(成道寺) 광주정맥선원
  광주광역시 광산구 삼도광암길 34 ☎ 062-944-4088 ☎ 010-8670-1445
* 대통산(大通山) 대통사(大通寺) 해남정맥선원
  전남 해남군 화산면 송계길 132-98 중정마을 ☎ 061-536-6366 ☎ 010-8938-2438

바로보인 불법 ❸❽

# 화 엄 경 45권

초판 1쇄 펴낸날 단기 4352년, 불기 3046년, 서기 2019년 10월 20일

역    저 농선 대원 선사
펴 낸 곳  도서출판 문젠(Moonzen Press)
         11192,경기도 포천시 내촌면 소리개길 86-178
         전화 031-534-3373 팩스 031-533-3387
신 고 번 호  2010.11.24. 제2010-000004호

윤 문 교 정  증연 강영미
편집 전자책제작  도향 하가연
표 지 그 림  현정(玄禎)
인      쇄  가람문화사

도서출판문젠 www.moonzenpress.com
정 맥 선 원 www.zenparadise.com
사막화방지국제연대(IUPD) www.iupd.org

ⓒ 문재현, 2017. Printed in Seoul, Republic of Korea
값 15,000원
ISBN 978-89-6870-045-3 04220
ISBN 978-89-6870-000-2 (전81권)

# 華嚴十無頌 화엄십무송

- 농선 대원 선사

無相法性常顯前
상이 없는 법성은 언제나 드러나 있고

無性諸法如谷響
성품이 없는 모든 법은 골짜기에 메아리 같도다

無外作處是自在
밖이 없이 짓는 곳을 이 자재라 하는 것이니

無非華嚴大道場
화엄 대도량 아님이 없음이로다

無窮無盡光神通
궁구할 수 없고 다함 없는 광명의 신통에서

無不出生三千界
삼천대천세계가 나오지 않음이 없도다

無碍相卽大自在
걸림이 없이 서로 즉한 대자재여

無爲之法是日常
함이 없는 법이 일상이로다

無有定法隨狀況
정한 법 없어 상황을 따름이여

無上無爲妙菩提
위 없고 함이 없는 묘보리로다

바로보인 불법 ㊳

# 화엄경(華嚴經) 45권

농선 대원 선사 역저

# 서  문

가없이 크고 넓어 광대함이여!
모양 없는 그 가운데 본래 갖춤
증득한 지혜인이라야 아네

남섬부주 일체의 나툼이여
본래의 갖춤에 비하자면
천만억분의 일도 안 된다네

이러-히 온통 온통함이여!
모두 갖춘 본연한 이 장엄을
'대방광불화엄'이라 하네

단기(檀紀) 4345년
불기(佛紀) 3039년

무등산인 농선 대원
(無等山人 弄禪 大圓)

## ❦ 81권 화엄경 권과 품

# 차 례

# 일러두기

1. 화엄경 본문을 지나치게 세밀하게 나누어 긴 주해를 싣지 않은 것은 그로 해서 원문의 흐름이 끊어지게 되지 않을까 하는 우려에서이다. 이런 까닭에 다만 수없이 장고(長考)하며 최대한 원문에 충실하게 번역하고 각권의 마지막이나 각품의 마지막에만 결문(結文)을 더하였다. 화엄경 본문이 이치적으로 더할 나위 없이 샅샅이 화엄의 화장세계를 밝힌 것이라면 결문은 화엄경의 화장세계를 선(禪) 도리로 간략히 바로 끊어 보인 것이다. 이로써 경의 본뜻이 굴절 없이 전달되어 화엄의 세계가 독자의 세계가 되기를 바란다.

2. 요즈음 화엄경을 접한 이들이 최고의 경전이라 불리는 화엄경 첫머리부터 '신(神)'이라는 호칭으로 기록된 분들이 많은 것을 보고 의아하게 생각하는 경우가 있다. 화엄경의 첫머리인 세주묘엄품을 보면 이 '신(神)'이라는 호칭으로 기록된 분들이 불보살님의 화현이거나 보살마하살의 경지에서 행하는 분들임을 알 수 있다. 이런 까닭에 이 책에서는 '신(神)'을 '천제(天帝)'로 번역하였다. 예를 들면, '집금강신'은 '집금강천제'로 의역하였다. 천제는 그 세계를 다스리고 교화하는 분, 곧 깨달아, 삼매와 지혜와 덕과 신통과 방편과 변재를 갖추어서 다스리고 교화하는 분을 말한다.

3. 미주는 *로 표시하였다.

4. 화엄경 본문에서 장문 뒤의 게송은 앞에 설한 내용의 뜻을 거듭 간략히 설한 것으로, 앞의 내용을 찾아 참고하여 읽으면 그 흐름을 더 잘 이해할 수 있다. 예를 들면, 화엄경 37권 69쪽의 두 번째 연은 43쪽의 열 가지 역순으로 모든 연기를 관하는 까닭을 축약해 놓은 것임을 알 수 있다.

# 三十 아승기품

爾時 心王菩薩 白佛言 世尊 諸佛如來 演說阿僧祇 無量
無邊 無等 不可數 不可稱 不可思 不可量 不可說 不可說
不可說 世尊 云何阿僧祇 乃至不可說不可說耶 佛 告心王
菩薩言 善哉善哉 善男子 汝今爲欲令諸世間 入佛所知數
量之義 而問如來應正等覺 善男子 諦聽諦聽 善思念之 當
爲汝說 時 心王菩薩 唯然受敎

## 심왕보살이 부처님께 수량에 대해 묻다


이때 심왕보살이 부처님께 말하였다.

"세존이시여, 모든 부처님 여래께서 아승기 수와 무량 수와 무변 수와 무등 수와 불가수 수와 불가칭 수와 불가 사 수와 불가량 수와 불가설 수와 불가설불가설 수를 널 리 펴 설하십니다.

세존이시여, 어떤 것을 아승기 수라 하며 더 나아가서 불가설불가설 수라 합니까?"

부처님께서 심왕보살에게 말씀하셨다.

"착하고 착하도다. 선남자여, 그대가 지금 모든 세간으 로 하여금 부처님께서 아시는 수량의 뜻에 들어가게 하 고자 하여 여래·응공·정등각에게 묻는구나.

선남자여, 자세히 듣고 자세히 들어서 잘 생각하라. 그 대를 위해 설하리라."

이때 심왕보살이 가르침을 받들었다.

佛言 善男子 一百洛叉 爲一俱胝 俱胝俱胝 爲一阿庾多 阿庾多阿庾多 爲一那由他 那由他那由他 爲一頻婆羅 頻婆羅頻婆羅 爲一矜羯羅 矜羯羅矜羯羅 爲一阿伽羅 阿伽羅阿伽羅 爲一最勝 最勝最勝 爲一摩婆(上聲)羅 摩婆羅摩婆羅 爲一阿婆(上聲)羅 阿婆羅阿婆羅 爲一多婆(上聲)羅 多婆羅多婆羅 爲一界分 界分界分 爲一普摩 普摩普摩 爲一禰摩 禰摩禰摩 爲一阿婆(上聲)鈐 阿婆鈐阿婆鈐 爲一彌伽(上聲)婆 彌伽婆彌伽婆 爲一毘攞伽 毘攞伽毘攞伽 爲一毘伽(上聲)婆 毘伽婆毘伽婆 爲一僧羯邏摩 僧羯邏摩僧羯邏摩 爲一毘薩羅 毘薩羅毘薩羅 爲一毘贍婆 毘贍婆毘贍婆 爲一毘盛(上聲)伽 毘盛伽毘盛伽 爲一毘素陀 毘素陀毘素陀 爲一毘婆訶 毘婆訶毘婆訶 爲一毘薄底

부처님께서 말씀하셨다.

"선남자여, 일백 낙차\*가 일 구지\*가 되고, 구지구지가 일 아유다가 되며, 아유다아유다가 일 나유타\*가 되고, 나유타나유타가 일 빈바라가 되며, 빈바라빈바라가 일 긍갈라가 되고, 긍갈라긍갈라가 일 아가라가 되며, 아가라아가라가 일 최승이 되고, 최승최승이 일 마바라가 되며, 마바라마바라가 일 아바라가 되고, 아바라아바라가 일 다바라가 되며, 다바라다바라가 일 계분이 되고, 계분계분이 일 보마가 되며, 보마보마가 일 녜마가 되고, 녜마녜마가 일 아바검이 되며, 아바검아바검이 일 미가바가 되고, 미가바미가바가 일 비라가가 되며, 비라가비라가가 일 비가바가 되고, 비가바비가바가 일 승갈라마가 되며, 승갈라마승갈라마가 일 비살라가 되고, 비살라비살라가 일 비섬바가 되며, 비섬바비섬바가 일 비성가가 되고, 비성가비성가가 일 비소타가 되며, 비소타비소타가 일 비바하가 되고, 비바하비바하가 일 비박저가 되며,

毘薄底毘薄底 爲一毘伕擔 毘伕擔毘伕擔 爲一稱量 稱量
稱量 爲一一持 一持一持 爲一異路 異路異路 爲一顚倒
顚倒顚倒 爲一三末耶 三末耶三末耶 爲一毘睹羅 毘睹羅
毘睹羅 爲一奚婆(上聲)羅 奚婆羅奚婆羅 爲一伺察 伺察伺
察 爲一周廣 周廣周廣 爲一高出 高出高出 爲一最妙 最妙
最妙 爲一泥羅婆 泥羅婆泥羅婆 爲一訶理婆 訶理婆訶理
婆 爲一一動 一動一動 爲一訶理蒲 訶理蒲訶理蒲 爲一
訶理三 訶理三訶理三 爲一奚魯伽 奚魯伽奚魯伽 爲一達
攞步陀 達攞步陀達攞步陀 爲一訶魯那 訶魯那訶魯那 爲
一摩魯陀 摩魯陀摩魯陀 爲一懺慕陀 懺慕陀懺慕陀 爲一
瑿攞陀 瑿攞陀瑿攞陀 爲一摩魯摩 摩魯摩摩魯摩 爲一調
伏

비박저비박저가 일 비카담이 되고, 비카담비카담이 일 칭량이 되며, 칭량칭량이 일 일지가 되고, 일지일지가 일 이로가 되며, 이로이로가 일 전도가 되고, 전도전도가 일 삼말야가 되며, 삼말야삼말야가 일 비도라가 되고, 비도라비도라가 일 해바라가 되며, 해바라해바라가 일 사찰이 되고, 사찰사찰이 일 주광이 되며, 주광주광이 일 고출이 되고, 고출고출이 일 최묘가 되며, 최묘최묘가 일 니라바가 되고, 니라바니라바가 일 하리바가 되며, 하리바하리바가 일 일동이 되고, 일동일동이 일 하리포가 되며, 하리포하리포가 일 하리삼이 되고, 하리삼하리삼이 일 해로가가 되며, 해로가해로가가 일 달라보타가 되고, 달라보타달라보타가 일 하로나가 되며, 하로나하로나가 일 마로타가 되고, 마로타마로타가 일 참모타가 되며, 참모타참모타가 일 예라타가 되고, 예라타예라타가 일 마로마가 되며, 마로마마로마가 일 조복이 되고,

調伏調伏 爲一離憍慢 離憍慢離憍慢 爲一不動 不動不動
爲一極量 極量極量 爲一阿麽怛羅 阿麽怛羅阿麽怛羅 爲
一勃麽怛羅 勃麽怛羅勃麽怛羅 爲一伽麽怛羅 伽麽怛羅
伽麽怛羅 爲一那麽怛羅 那麽怛羅那麽怛羅 爲一奚麽怛
羅 奚麽怛羅奚麽怛羅 爲一鞞麽怛羅 鞞麽怛羅鞞麽怛羅
爲一鉢羅麽怛羅 鉢羅麽怛羅鉢羅麽怛羅 爲一尸婆麽怛
羅 尸婆麽怛羅尸婆麽怛羅 爲一翳羅 翳羅翳羅 爲一薜羅
薜羅薜羅 爲一諦羅 諦羅諦羅 爲一偈羅 偈羅偈羅 爲一窣
步羅 窣步羅窣步羅 爲一泥羅 泥羅泥羅 爲一計羅 計羅計
羅 爲一細羅 細羅細羅 爲一睥羅 睥羅睥羅 爲一謎羅 謎
羅謎羅 爲一娑攞茶 娑攞茶娑攞茶 爲一謎魯陀 謎魯陀謎
魯陀 爲一契魯陀 契魯陀契魯陀 爲一摩睹羅 摩睹羅摩睹
羅 爲一娑母羅

조복조복이 일 이교만이 되며, 이교만이교만이 일 부동이 되고, 부동부동이 일 극량이 되며, 극량극량이 일 아마달라가 되고, 아마달라아마달라가 일 발마달라가 되며, 발마달라발마달라가 일 가마달라가 되고, 가마달라가마달라가 일 나마달라가 되며, 나마달라나마달라가 일 해마달라가 되고, 해마달라해마달라가 일 비마달라가 되며, 비마달라비마달라가 일 발라마달라가 되고, 발라마달라발라마달라가 일 시바마달라가 되며, 시바마달라시바마달라가 일 예라가 되고, 예라예라가 일 폐라가 되며, 폐라폐라가 일 체라가 되고, 체라체라가 일 게라가 되며, 게라게라가 일 솔보라가 되고, 솔보라솔보라가 일 니라가 되며, 니라니라가 일 계라가 되고, 계라계라가 일 세라가 되며, 세라세라가 일 비라가 되고, 비라비라가 일 미라가 되며, 미라미라가 일 사라다가 되고, 사라다사라다가 일 미로타가 되며, 미로타미로타가 일 계로타가 되고, 계로타계로타가 일 마도라가 되며, 마도라마도라가 일 사모라가 되고,

娑母羅娑母羅 爲一阿野娑 阿野娑阿野娑 爲一迦麼羅 迦
麼羅迦麼羅 爲一摩伽婆 摩伽婆摩伽婆 爲一阿怛羅 阿怛
羅阿怛羅 爲一醯魯耶 醯魯耶醯魯耶 爲一薜魯婆 薜魯婆
薜魯婆 爲一羯羅波 羯羅波羯羅波 爲一訶婆婆 訶婆婆訶
婆婆 爲一毘婆(上聲)羅 毘婆羅毘婆羅 爲一邪婆(上聲)羅 邪
婆羅邪婆羅 爲一摩攞羅 摩攞羅摩攞羅 爲一娑婆(上聲)羅
娑婆羅娑婆羅 爲一迷攞普 迷攞普迷攞普 爲一者麼羅 者
麼羅者麼羅 爲一䭾麼羅 䭾麼羅䭾麼羅 爲一鉢攞麼陀 鉢
攞麼陀鉢攞麼陀 爲一毘迦摩 毘迦摩毘迦摩 爲一烏波跋
多 烏波跋多烏波跋多 爲一演說 演說演說 爲一無盡 無
盡無盡 爲一出生 出生出生 爲一無我 無我無我 爲一阿畔
多 阿畔多阿畔多 爲一青蓮華 青蓮華青蓮華 爲一鉢頭摩
鉢頭摩鉢頭摩 爲一僧祇

사모라사모라가 일 아야사가 되며, 아야사아야사가 일 가마라가 되고, 가마라가마라가 일 마가바가 되며, 마가바마가바가 일 아달라가 되고, 아달라아달라가 일 혜로야가 되며, 혜로야혜로야가 일 폐로바가 되고, 폐로바폐로바가 일 갈라파가 되며, 갈라파갈라파가 일 하바바가 되고, 하바바하바바가 일 비바라가 되며, 비바라비바라가 일 나바라가 되고, 나바라나바라가 일 마라라가 되며, 마라라마라라가 일 사바라가 되고, 사바라사바라가 일 미라보가 되며, 미라보미라보가 일 자마라가 되고, 자마라자마라가 일 타마라가 되며, 타마라타마라가 일 발라마타가 되고, 발라마타발라마타가 일 비가마가 되며, 비가마비가마가 일 오파발다가 되고, 오파발다오파발다가 일 연설이 되며, 연설연설이 일 무진이 되고, 무진무진이 일 출생이 되며, 출생출생이 일 무아가 되고, 무아무아가 일 아반다가 되며, 아반다아반다가 일 청련화가 되고, 청련화청련화가 일 발두마가 되며, 발두마발두마가 일 승기가 되고,

僧祇僧祇 爲一趣 趣趣 爲一至 至至 爲一阿僧祇 阿僧祇
阿僧祇 爲一阿僧祇轉 阿僧祇轉阿僧祇轉 爲一無量 無量
無量 爲一無量轉 無量轉無量轉 爲一無邊 無邊無邊 爲
一無邊轉 無邊轉無邊轉 爲一無等 無等無等 爲一無等轉
無等轉無等轉 爲一不可數 不可數不可數 爲一不可數轉
不可數轉不可數轉 爲一不可稱 不可稱不可稱 爲一不可稱
轉 不可稱轉不可稱轉 爲一不可思 不可思不可思 爲一不可
思轉 不可思轉不可思轉 爲一不可量 不可量不可量 爲一不
可量轉 不可量轉不可量轉 爲一不可說 不可說不可說 爲一
不可說轉 不可說轉不可說轉 爲一不可說不可說 此又不可
說不可說 爲一不可說不可說轉

승기승기가 일 취가 되며, 취취가 일 지가 되고, 지지가 일 아승기가 되며, 아승기아승기가 일 아승기전이 되고, 아승기전아승기전이 일 무량이 되며, 무량무량이 일 무량전이 되고, 무량전무량전이 일 무변이 되며, 무변무변이 일 무변전이 되고, 무변전무변전이 일 무등이 되며, 무등무등이 일 무등전이 되고, 무등전무등전이 일 불가수가 되며, 불가수불가수가 일 불가수전이 되고, 불가수전불가수전이 일 불가칭이 되며, 불가칭불가칭이 일 불가칭전이 되고, 불가칭전불가칭전이 일 불가사가 되며, 불가사불가사가 일 불가사전이 되고, 불가사전불가사전이 일 불가량이 되며, 불가량불가량이 일 불가량전이 되고, 불가량전불가량전이 일 불가설이 되며, 불가설불가설이 일 불가설전이 되고, 불가설전불가설전이 일 불가설불가설이 되며, 이것을 또 불가설불가설한 것이 일 불가설불가설전이 되느니라."

爾時 世尊 爲心王菩薩 而說頌言

不可言說不可說
充滿一切不可說
不可言說諸劫中
說不可說不可盡

不可言說諸佛刹
皆悉碎末爲微塵
一塵中刹不可說
如一一切皆如是

此不可說諸佛刹
一念碎塵不可說
念念所碎悉亦然
盡不可說劫恒爾

세존께서 깨달음의 공덕이 헤아릴 수 없음을 게송으로 말씀하시다

이때 세존께서 심왕보살을 위하여 게송으로 말씀하셨다.

말로 설할 수 없음이 불가설 수이고
일체가 불가설 수로 충만하니
말로 설할 수 없는 모든 겁 가운데에서
불가설 수를 설하여도 다하지 못하느니라

말로 설할 수 없는 모든 부처님세계를
모두 다 가루로 부수어서 가는 티끌을 만드니
한 티끌 가운데 세계가 불가설 수이며
하나와 같이 일체가 모두 이와 같느니라

이 불가설 수의 모든 부처님세계를
한 생각에 부순 티끌이 불가설 수이고
생각마다 부순 바가 다 또한 그러하니
불가설 수의 겁이 다하도록 항상 그러하느니라

此塵有刹不可說
此刹爲塵說更難
以不可說算數法
不可說劫如是數

以此諸塵數諸劫
一塵十萬不可說
爾劫稱讚一普賢
無能盡其功德量

於一微細毛端處
有不可說諸普賢
一切毛端悉亦爾
如是乃至徧法界

이 티끌에 있는 세계가 불가설 수이고
이 세계가 티끌이 됨은 설하기 더욱 어려워
불가설 수의 산수법으로
불가설 수의 겁 동안 이와 같이 헤아리느니라

이 모든 티끌을 모든 겁 동안 헤아리니
한 티끌에 십만 불가설 수여서
그 겁 동안 한 보현보살을 칭찬한다 하더라도
능히 그 공덕의 양은 다할 수 없느니라

한 미세한 털끝만 한 곳에
불가설 수의 모든 보현보살이 있고
일체의 털끝에도 다 또한 그러하여
이와 같이 더 나아가서 법계에 두루 하느니라

一毛端處所有刹
其數無量不可說
盡虛空量諸毛端
一一處刹悉如是

彼毛端處諸國土
無量種類差別住
有不可說異類刹
有不可說同類刹

不可言說毛端處
皆有淨刹不可說
種種莊嚴不可說
種種奇妙不可說

한 털끝만 한 곳에 있는 세계
그 수가 무량 불가설 수이며
온 허공에 가득한 모든 털끝의
낱낱 곳의 세계가 다 이와 같느니라

저 털끝만 한 곳에 모든 국토가
한량없는 종류로 차별되어 머무르는데
불가설 수의 다른 종류의 세계가 있고
불가설 수의 같은 종류의 세계가 있느니라

말로 설할 수 없는 털끝만 한 곳에
있는 깨끗한 세계가 모두 불가설 수이고
갖가지 장엄함이 불가설 수이며
갖가지 기묘함이 불가설 수이니라

於彼一一毛端處
演不可說諸佛名
一一名有諸如來
皆不可說不可說

一一諸佛於身上
現不可說諸毛孔
於彼一一毛孔中
現衆色相不可說

不可言說諸毛孔
咸放光明不可說
於彼一一光明中
悉現蓮華不可說

저 낱낱의 털끝만 한 곳마다
불가설 수의 모든 부처님 명호를 널리 펴고
낱낱의 명호마다 모든 여래가
다 불가설불가설 수이니라

한 분 한 분 모든 부처님의 몸 위에
불가설 수의 모든 털구멍을 나타내며
저 낱낱의 털구멍 가운데 나타내는
온갖 색상이 불가설 수이니라

말로 설할 수 없는 모든 털구멍에서
모두 놓는 광명이 불가설 수이고
저 낱낱의 광명 가운데
모두 나타내는 연꽃이 불가설 수이니라

於彼一一蓮華內
悉有眾葉不可說
不可說華眾葉中
各現色相不可說

彼不可說諸色內
復現眾葉不可說
葉中光明不可說
光中色相不可說

此不可說色相中
一一現光不可說
光中現月不可說
月復現月不可說

저 낱낱의 연꽃 속에
있는 온갖 잎이 불가설 수이고
불가설 수의 꽃의 온갖 잎 가운데
각각 나타내는 색상이 불가설 수이니라

저 불가설 수의 모든 색 속에
다시 나타내는 온갖 잎이 불가설 수이고
잎 가운데 광명이 불가설 수이며
광명 가운데 색상이 불가설 수이니라

이 불가설 수의 색상 가운데
나타내는 낱낱의 광명이 불가설 수이고
광명 가운데 나타내는 달이 불가설 수이며
달에 다시 나타내는 달도 불가설 수이니라

於不可說諸月中
一一現光不可說
於彼一一光明內
復現於日不可說

於不可說諸日中
一一現色不可說
於彼一一諸色內
又現光明不可說

於彼一一光明內
現不可說獅子座
一一嚴具不可說
一一光明不可說

불가설 수의 모든 달 가운데
나타내는 낱낱의 광명이 불가설 수이고
저 낱낱의 광명 속에
다시 나타내는 해가 불가설 수이니라

불가설 수의 모든 해 가운데
나타내는 낱낱의 색이 불가설 수이고
저 낱낱의 모든 색 가운데
다시 나타내는 광명이 불가설 수이니라

저 낱낱의 광명 속에
불가설 수의 사자좌를 나타내니
낱낱의 장엄구가 불가설 수이며
낱낱의 광명이 불가설 수이니라

光中妙色不可說
色中淨光不可說
於彼一一淨光內
復現種種妙光明

此光復現種種光
不可言說不可說
如是種種光明內
各現妙寶如須彌

一一光中所現寶
不可言說不可說
彼如須彌一妙寶
現眾刹土不可說

광명 가운데 묘한 색이 불가설 수이고
색 가운데 깨끗한 광명이 불가설 수이며
저 낱낱의 깨끗한 광명 속에
다시 갖가지의 묘한 광명을 나타내느니라

이 광명이 다시 갖가지의 광명을 나타내니
말로 설할 수 없음이 불가설 수이고
이와 같은 갖가지 광명 속에
각각 나타내는 묘한 보배가 수미산과 같으니라

낱낱의 광명 가운데 나타내는 보배가
말로 설할 수 없음이 불가설 수이고
저 수미산과 같은 한 묘한 보배에서
나타내는 온갖 국토가 불가설 수이니라

盡須彌寶無有餘
示現刹土皆如是
以一刹土末爲塵
一塵色相不可說

衆刹爲塵塵有相
不可言說不可說
如是種種諸塵相
皆出光明不可說

光中現佛不可說
佛所說法不可說
法中妙偈不可說
聞偈得解不可說

수미산과 같은 모든 보배가 남음이 없이
국토를 나타내 보임도 다 이와 같고
한 국토를 부수어 티끌로 만드니
한 티끌의 색상이 불가설 수이니라

온갖 세계를 티끌로 만드니 티끌에 있는 상을
말로 설할 수 없음이 불가설 수이고
이와 같은 갖가지 모든 티끌의 상을
내는 모든 광명이 불가설 수이니라

광명 가운데 나타난 부처님이 불가설 수이고
부처님께서 설하신 법이 불가설 수이며
법 가운데 묘한 게송이 불가설 수이고
게송을 듣고 앎을 얻음이 불가설 수이니라

不可說解念念中
顯了眞諦不可說
示現未來一切佛
常演說法無窮盡

一一佛法不可說
種種淸淨不可說
出妙音聲不可說
轉正法輪不可說

於彼一一法輪中
演修多羅不可說
於彼一一修多羅
分別法門不可說

불가설 수의 앎으로 생각마다
참된 진리를 분명히 나타냄이 불가설 수이고
미래에 나타나실 일체 부처님께서
항상 법을 널리 펴 설함이 다함 없느니라

낱낱의 불법이 불가설 수이고
갖가지 청정함이 불가설 수이며
묘한 음성을 냄이 불가설 수이고
바른 법륜을 굴림이 불가설 수이니라

저 낱낱의 법륜 가운데
널리 펴는 수다라가 불가설 수이고
저 낱낱의 수다라에서
분별하는 법문이 불가설 수이며

於彼一一法門中
又說諸法不可說
於彼一一諸法中
調伏衆生不可說

或復於一毛端處
不可說劫常安住
如一毛端餘悉然
所住劫數皆如是

其心無礙不可說
變化諸佛不可說
一一變化諸如來
復現於化不可說

저 낱낱의 법문 가운데
다시 모든 법을 설함도 불가설 수이고
저 낱낱의 모든 법 가운데
중생을 조복시킴도 불가설 수이니라

혹은 다시 한 털끝만 한 곳에
불가설 수의 겁이 항상 편안히 머무르고
한 털끝과 같이 나머지도 다 그러하니
머무르는 겁의 수도 다 이와 같느니라

걸림 없는 그 마음이 불가설 수이고
모든 부처님의 변화함이 불가설 수이며
모든 여래의 낱낱의 변화함과
다시 변화를 나타냄이 불가설 수이니라

彼佛法身不可說
彼佛分身不可說
莊嚴無量不可說
往詣十方不可說

周行國土不可說
觀察衆生不可說
清淨衆生不可說
調伏衆生不可說

彼諸莊嚴不可說
彼諸神力不可說
彼諸自在不可說
彼諸神變不可說

저 부처님의 법신이 불가설 수이고
저 부처님의 분신이 불가설 수이며
한량없는 장엄이 불가설 수이고
시방에 이르름이 불가설 수이며

국토에 두루 다님이 불가설 수이고
중생을 관찰함이 불가설 수이며
중생을 청정하게 함이 불가설 수이고
중생을 조복시킴이 불가설 수이니라

저 모든 장엄이 불가설 수이고
저 모든 위신력이 불가설 수이며
저 모든 자재함이 불가설 수이고
저 모든 신통 변화가 불가설 수이니라

所有神通不可說
所有境界不可說
所有加持不可說
所住世間不可說

清淨實相不可說
說修多羅不可說
於彼一一修多羅
演說法門不可說
於彼一一法門中
又說諸法不可說
於彼一一諸法中
所有決定不可說
於彼一一決定中
調伏眾生不可說

모든 신통이 불가설 수이고
모든 경계가 불가설 수이며
모든 가피〔加持〕가 불가설 수이고
세간에 머무름이 불가설 수이니라

실상을 청정하게 함이 불가설 수이고
수다라를 설함이 불가설 수이며
저 낱낱의 수다라로
법문을 널리 펴 설함이 불가설 수이고
저 낱낱의 법문 가운데
다시 모든 법을 설함이 불가설 수이며
저 낱낱의 모든 법 가운데
모든 결정이 불가설 수이고
저 낱낱의 결정 가운데
중생을 조복시킴이 불가설 수이니라

不可言說同類法

不可言說同類心

不可言說異類法

不可言說異類心

不可言說異類根

不可言說異類語

念念於諸所行處

調伏衆生不可說


所有神變不可說

所有示現不可說

於中時劫不可說

於中差別不可說

菩薩悉能分別說

諸明算者莫能辨

말로 설할 수 없는 같은 종류의 법과
말로 설할 수 없는 같은 종류의 마음과
말로 설할 수 없는 다른 종류의 법과
말로 설할 수 없는 다른 종류의 마음과
말로 설할 수 없는 다른 종류의 근기와
말로 설할 수 없는 다른 종류의 말로
생각마다 모든 행하는 곳에서
중생을 조복시킴이 불가설 수이니라

모든 신통 변화가 불가설 수이고
모든 나타내 보임이 불가설 수이며
그 가운데 시간과 겁이 불가설 수이고
그 가운데 차별이 불가설 수임을
보살은 다 분별하여 설하지만
산수에 밝은 모든 이라도 분별할 수 없느니라

一毛端處大小刹

雜染清淨麤細刹

如是一切不可說

一一明了可分別


以一國土碎爲塵

其塵無量不可說

如是塵數無邊刹

俱來共集一毛端


此諸國土不可說

共集毛端無迫隘

不使毛端有增大

而彼國土俱來集

한 털끝만 한 곳의 크고 작은 세계와
물들고 청정하고 거칠고 미세한 세계
이와 같은 일체가 불가설 수이지만
낱낱이 밝게 알아 분별하느니라

한 국토를 부수어 티끌을 만드니
그 티끌이 무량 불가설 수이고
이와 같은 티끌 수의 끝없는 세계가
모두 와서 한 털끝에 함께 모이느니라

불가설 수의 이 모든 국토가
털끝에 같이 모여도 비좁지 않고
털끝을 커지게 한 것도 아니지만
저 국토가 모두 와서 모이느니라

於中所有諸國土
形相如本無雜亂
如一國土不亂餘
一切國土皆如是

虛空境界無邊際
悉布毛端使充滿
如是毛端諸國土
菩薩一念皆能說

於一微細毛孔中
不可說刹次第入
毛孔能受彼諸刹
諸刹不能徧毛孔

그 가운데 있는 모든 국토가
형상이 본래와 같아 뒤섞이거나 어지럽지 않고
한 국토가 나머지에 혼란스럽지 않듯이
일체 국토가 모두 이와 같으니라

끝없는 허공 경계를
모두 털끝에 펼쳐 가득 채우게 하고
이러한 털끝의 모든 국토를
보살이 온통인 생각으로 다 설하느니라

한 미세한 털구멍 가운데에
불가설 수의 세계가 차례로 들어가고
털구멍이 저 모든 세계를 받아들이지만
모든 세계는 털구멍에 두루 미치지 못하느니라

入時劫數不可說
受時劫數不可說
於此行列安住時
一切諸劫無能說

如是攝受安住已
所有境界不可說
入時方便不可說
入已所作不可說

意根明了不可說
遊歷諸方不可說
勇猛精進不可說
自在神變不可說

들어갈 때 겁의 수가 불가설 수이고
받아들일 때 겁의 수도 불가설 수이니
이 행렬에 편안히 머무를 때
일체의 모든 겁을 설할 수 없느니라

이와 같이 거두어 들여 편안히 머물러서는
모든 경계가 불가설 수이니
들어갈 때 방편이 불가설 수이고
들어가서는 짓는 바가 불가설 수이며

뜻의 근이 밝고 분명함이 불가설 수이고
모든 방위를 다님이 불가설 수이며
용맹하게 정진함이 불가설 수이고
자재한 신통 변화가 불가설 수이며

所有思惟不可說
所有大願不可說
所有境界不可說
一切通達不可說

身業淸淨不可說
語業淸淨不可說
意業淸淨不可說
信解淸淨不可說

妙智淸淨不可說
妙慧淸淨不可說
了諸實相不可說
斷諸疑惑不可說

모든 사유가 불가설 수이고
모든 대원이 불가설 수이며
모든 경계가 불가설 수이고
일체를 통달함이 불가설 수이며

몸의 업의 청정함이 불가설 수이고
말의 업의 청정함이 불가설 수이며
뜻의 업의 청정함이 불가설 수이고
믿는 지혜의 청정함이 불가설 수이며

묘한 지(智)의 청정함이 불가설 수이고
묘한 혜(慧)의 청정함이 불가설 수이며
모든 실상을 아는 것이 불가설 수이고
모든 의혹을 끊는 것이 불가설 수이며

出離生死不可說
超昇正位不可說
甚深三昧不可說
了達一切不可說

一切衆生不可說
一切佛剎不可說
知衆生身不可說
知其心樂不可說

知其業果不可說
知其意解不可說
知其品類不可說
知其種性不可說

생사에서 벗어남이 불가설 수이고
정위에 올라감이 불가설 수이며
매우 깊은 삼매가 불가설 수이고
일체를 밝게 통달함이 불가설 수이며

일체 중생이 불가설 수이고
일체 부처님세계가 불가설 수이며
중생의 몸을 아는 것이 불가설 수이고
그 마음에 즐거움을 아는 것이 불가설 수이며

그 업과 과보를 아는 것이 불가설 수이고
그 뜻을 풀어 아는 것이 불가설 수이며
그 품류를 아는 것이 불가설 수이고
그 종자 성품을 아는 것이 불가설 수이며

知其受身不可說
知其生處不可說
知其正生不可說
知其生已不可說

知其解了不可說
知其趣向不可說
知其言語不可說
知其作業不可說

菩薩如是大慈悲
利益一切諸世間
普現其身不可說
入諸佛刹不可說

그 받는 몸을 아는 것이 불가설 수이고
그 나는 곳을 아는 것이 불가설 수이며
그 바르게 태어남을 아는 것이 불가설 수이고
그 태어난 뒤를 아는 것이 불가설 수이며

그 분명한 앎을 아는 것이 불가설 수이고
그 향하여 나아감을 아는 것이 불가설 수이며
그 언어를 아는 것이 불가설 수이고
그 짓는 업을 아는 것이 불가설 수이며

보살이 이와 같은 큰 자비로
일체 모든 세간을 이익 되게 하니
그 몸을 두루 나타내는 것이 불가설 수이고
모든 부처님세계에 들어가는 것이 불가설 수이며

見諸菩薩不可說

發生智慧不可說

請問正法不可說

敷揚佛敎不可說


現種種身不可說

詣諸國土不可說

示現神通不可說

普徧十方不可說


處處分身不可說

親近諸佛不可說

作諸供具不可說

種種無量不可說

모든 보살을 보는 것이 불가설 수이고
지혜를 내는 것이 불가설 수이며
정법을 청하여 묻는 것이 불가설 수이고
부처님의 가르침을 펴는 것이 불가설 수이며

갖가지 몸을 나타내는 것이 불가설 수이고
모든 국토에 나아가는 것이 불가설 수이며
신통을 나타내 보이는 것이 불가설 수이고
시방에 두루함이 불가설 수이며

곳곳에 나눈 몸이 불가설 수이고
모든 부처님을 친근히 하는 것이 불가설 수이며
모든 공양구를 짓는 것이 불가설 수이고
갖가지 한량없음이 불가설 수이며

淸淨衆寶不可說
上妙蓮華不可說
最勝香鬘不可說
供養如來不可說

淸淨信心不可說
最勝悟解不可說
增上志樂不可說
恭敬諸佛不可說

修行於施不可說
其心過去不可說
有求皆施不可說
一切悉施不可說

청정한 온갖 보배가 불가설 수이고
가장 묘한 연꽃이 불가설 수이며
가장 수승한 향과 화만이 불가설 수이고
여래께 공양 올림이 불가설 수이며

청정한 신심이 불가설 수이고
가장 수승한 깨달음이 불가설 수이며
더 높은 뜻의 즐거움이 불가설 수이고
모든 부처님을 공경함이 불가설 수이며

보시를 닦아 행하는 것이 불가설 수이고
과거의 그 마음이 불가설 수이며
구하는 대로 다 보시하는 것이 불가설 수이고
일체를 다 보시하는 것이 불가설 수이며

持戒淸淨不可說
心意淸淨不可說
讚歎諸佛不可說
愛樂正法不可說

成就諸忍不可說
無生法忍不可說
具足寂靜不可說
住寂靜地不可說

起大精進不可說
其心過去不可說
不退轉心不可說
不傾動心不可說

지계가 청정함이 불가설 수이고
마음의 뜻이 청정함이 불가설 수이며
모든 부처님을 찬탄함이 불가설 수이고
정법을 사랑하고 즐거워함이 불가설 수이며

모든 인(忍)을 성취함이 불가설 수이고
무생법인이 불가설 수이며
적정을 구족함이 불가설 수이고
적정의 지위에 머무름이 불가설 수이며

큰 정진을 일으킴이 불가설 수이고
과거의 그 마음이 불가설 수이며
퇴전하지 않는 마음이 불가설 수이고
흔들리지 않는 마음이 불가설 수이며

一切定藏不可說
觀察諸法不可說
寂然在定不可說
了達諸禪不可說

智慧通達不可說
三昧自在不可說
了達諸法不可說
明見諸佛不可說

修無量行不可說
發廣大願不可說
甚深境界不可說
淸淨法門不可說

일체 선정의 보배장이 불가설 수이고
모든 법을 관찰함이 불가설 수이며
고요한 정(定)에 있음이 불가설 수이고
모든 선(禪)을 밝게 통달함이 불가설 수이며

지혜를 통달함이 불가설 수이고
삼매를 자재함이 불가설 수이며
모든 법을 밝게 통달함이 불가설 수이고
모든 부처님을 밝게 친견함이 불가설 수이며

한량없는 행을 닦는 것이 불가설 수이고
광대한 서원을 발하는 것이 불가설 수이며
매우 깊은 경계가 불가설 수이고
청정한 법문이 불가설 수이며

菩薩法力不可說
菩薩法住不可說
彼諸正念不可說
彼諸法界不可說

修方便智不可說
學甚深智不可說
無量智慧不可說
究竟智慧不可說

彼諸法智不可說
彼淨法輪不可說
彼大法雲不可說
彼大法雨不可說

보살의 법력이 불가설 수이고
보살이 법에 머무름이 불가설 수이며
저 모든 바른 생각이 불가설 수이고
저 모든 법계가 불가설 수이며

방편의 지혜를 닦는 것이 불가설 수이고
매우 깊은 지혜를 배우는 것이 불가설 수이며
한량없는 지혜가 불가설 수이고
구경의 지혜가 불가설 수이며

저 모든 법의 지혜가 불가설 수이고
저 깨끗한 법륜이 불가설 수이며
저 큰 법의 구름이 불가설 수이고
저 큰 법의 비가 불가설 수이며

彼諸神力不可說
彼諸方便不可說
入空寂智不可說
念念相續不可說

無量行門不可說
念念恒住不可說
諸佛刹海不可說
悉能往詣不可說

諸刹差別不可說
種種清淨不可說
差別莊嚴不可說
無邊色相不可說

저 모든 위신력이 불가설 수이고
저 모든 방편이 불가설 수이며
공적한 지혜에 들어가는 것이 불가설 수이고
생각마다 서로 이어짐이 불가설 수이며

한량없는 행(行)의 문이 불가설 수이고
생각마다 항상 머무름이 불가설 수이며
모든 부처님세계 바다가 불가설 수이고
모두 나아감이 불가설 수이며

모든 세계가 차별됨이 불가설 수이고
갖가지 청정함이 불가설 수이며
차별된 장엄이 불가설 수이고
끝없는 색상이 불가설 수이며

種種間錯不可說
種種妙好不可說
淸淨佛土不可說
雜染世界不可說

了知衆生不可說
知其種性不可說
知其業報不可說
知其心行不可說

知其根性不可說
知其解欲不可說
雜染淸淨不可說
觀察調伏不可說

갖가지 사이에 섞인 것이 불가설 수이고
갖가지 묘한 아름다움이 불가설 수이며
청정한 불토가 불가설 수이고
잡되고 물든 세계가 불가설 수이며

중생을 밝게 아는 것이 불가설 수이고
그 종자 성품을 아는 것이 불가설 수이며
그 업과 과보를 아는 것이 불가설 수이고
그 마음의 행을 아는 것이 불가설 수이며

그 근기의 성품을 아는 것이 불가설 수이고
그 이해와 욕망을 아는 것이 불가설 수이며
물듦과 청정함이 불가설 수이고
관찰하고 조복함이 불가설 수이며

變化自在不可說
現種種身不可說
修行精進不可說
度脫衆生不可說

示現神變不可說
放大光明不可說
種種色相不可說
令衆生淨不可說

一一毛孔不可說
放光明網不可說
光網現色不可說
普照佛刹不可說

변화를 자재함이 불가설 수이고
갖가지 몸을 나타냄이 불가설 수이며
수행하고 정진함이 불가설 수이고
중생을 제도하여 해탈시킴이 불가설 수이며

신통 변화를 나타내 보임이 불가설 수이고
큰 광명을 놓음이 불가설 수이며
갖가지 색상이 불가설 수이고
중생을 깨끗하게 함이 불가설 수이며

낱낱의 털구멍이 불가설 수이고
광명 그물을 놓음이 불가설 수이며
광명 그물에서 나타내는 색이 불가설 수이고
부처님세계를 두루 비춤이 불가설 수이며

勇猛無畏不可說
方便善巧不可說
調伏衆生不可說
令出生死不可說

清淨身業不可說
清淨語業不可說
無邊意業不可說
殊勝妙行不可說

成就智寶不可說
深入法界不可說
菩薩總持不可說
善能修學不可說

용맹하여 두려움 없음이 불가설 수이고
방편의 공교로움이 불가설 수이며
중생을 조복시킴이 불가설 수이고
생사에서 벗어나게 함이 불가설 수이며

청정한 몸의 업이 불가설 수이고
청정한 말의 업이 불가설 수이며
끝없는 뜻의 업이 불가설 수이고
수승하고 묘한 행이 불가설 수이며

지혜의 보배를 성취함이 불가설 수이고
법계에 깊이 들어감이 불가설 수이며
보살의 총지가 불가설 수이고
잘 닦고 배움이 불가설 수이며

智者音聲不可說
音聲淸淨不可說
正念眞實不可說
開悟衆生不可說

具足威儀不可說
淸淨修行不可說
成就無畏不可說
調伏世間不可說

諸佛子衆不可說
淸淨勝行不可說
稱歎諸佛不可說
讚揚無盡不可說

지혜로운 이의 음성이 불가설 수이고
음성의 청정함이 불가설 수이며
바른 생각의 참답고 실다움이 불가설 수이고
중생을 깨닫게 함이 불가설 수이며

위의를 구족함이 불가설 수이고
청정하게 수행함이 불가설 수이며
두려움 없음을 성취함이 불가설 수이고
세간을 조복시킴이 불가설 수이며

모든 불자 대중이 불가설 수이고
청정하고 수승한 행이 불가설 수이며
모든 부처님을 찬탄함이 불가설 수이고
다함 없이 칭찬함이 불가설 수이며

世間導師不可說
演說讚歎不可說
彼諸菩薩不可說
清淨功德不可說

彼諸邊際不可說
能住其中不可說
住中智慧不可說
盡諸劫住無能說

欣樂諸佛不可說
智慧平等不可說
善入諸法不可說
於法無礙不可說

세간의 도사가 불가설 수이고
찬탄하고 널리 펴 설함이 불가설 수이며
저 모든 보살이 불가설 수이고
청정한 공덕이 불가설 수이며

저 모든 끝 간 데가 불가설 수이고
그 가운데 머무름이 불가설 수이며
머무르는 가운데 지혜가 불가설 수이고
모든 겁에 머무름을 다 설할 수 없으며

모든 부처님을 받들고 좋아함이 불가설 수이고
지혜가 평등함이 불가설 수이며
모든 법에 잘 들어감이 불가설 수이고
법에 걸림 없음이 불가설 수이며

三世如空不可說
三世智慧不可說
了達三世不可說
住於智慧不可說

殊勝妙行不可說
無量大願不可說
清淨大願不可說
成就菩提不可說

諸佛菩提不可說
發生智慧不可說
分別義理不可說
知一切法不可說

삼세가 허공과 같음이 불가설 수이고
삼세의 지혜가 불가설 수이며
삼세를 밝게 통달함이 불가설 수이고
지혜에 머무름이 불가설 수이며

수승하고 묘한 행이 불가설 수이고
한량없는 대원이 불가설 수이며
청정한 대원이 불가설 수이고
보리를 성취함이 불가설 수이며

모든 부처님의 보리가 불가설 수이고
지혜를 내는 것이 불가설 수이며
이치를 분별함이 불가설 수이고
일체 법을 아는 것이 불가설 수이며

嚴淨佛刹不可說

修行諸力不可說

長時修習不可說

一念悟解不可說


諸佛自在不可說

廣演正法不可說

種種神力不可說

示現世間不可說


清淨法輪不可說

勇猛能轉不可說

種種開演不可說

哀愍世間不可說

부처님세계를 깨끗하게 장엄함이 불가설 수이고
모든 힘을 닦고 행함이 불가설 수이며
오랜 시간 닦아 익힘이 불가설 수이고
한 생각에 깨달아 앎이 불가설 수이며

모든 부처님의 자재하심이 불가설 수이고
정법을 널리 펴는 것이 불가설 수이며
갖가지 위신력이 불가설 수이고
세간에 나타내 보임이 불가설 수이며

청정한 법륜이 불가설 수이고
용맹하게 굴리는 것이 불가설 수이며
갖가지를 열어 널리 펴는 것이 불가설 수이고
세간을 불쌍히 여김이 불가설 수이니라

不可言說一切劫
讚不可說諸功德
不可說劫猶可盡
不可說德不可盡

不可言說諸如來
不可言說諸舌根
歎佛不可言說德
不可說劫無能盡

十方所有諸衆生
一切同時成正覺
於中一佛普能現
不可言說一切身

말로 설할 수 없는 일체 겁 동안
불가설 수의 모든 공덕을 찬탄하면
불가설 수의 겁은 다할지라도
불가설 수의 덕은 다할 수 없느니라

말로 설할 수 없는 모든 여래가
말로 설할 수 없는 모든 혀로
말로 설할 수 없는 부처님의 공덕을 찬탄한다 하더라도
불가설 수의 겁에 다할 수 없느니라

시방에 있는 모든 중생
일체가 동시에 정각을 이루고
그 가운데 한 부처님께서 널리 나타내시는
일체의 몸을 말로 설할 수 없느니라

此不可說中一身
示現於頭不可說
此不可說中一頭
示現於舌不可說

此不可說中一舌
示現於聲不可說
此不可說中一聲
經於劫住不可說

如一如是一切佛
如一如是一切身
如一如是一切頭
如一如是一切舌

이 불가설 수 가운데
한 몸에 나타내 보이는 머리가 불가설 수이고
이 불가설 수 가운데
한 머리에 나타내 보이는 혀가 불가설 수이며

이 불가설 수 가운데
한 혀에 나타내 보이는 음성이 불가설 수이며
이 불가설 수 가운데
한 음성이 겁을 지나 머무름이 불가설 수이니라

한결같이 이러-한 일체 부처님과
한결같이 이러-한 일체 몸과
한결같이 이러-한 일체 머리와
한결같이 이러-한 일체 혀와

如一如是一切聲
不可說劫恒讚佛
不可說劫猶可盡
歎佛功德無能盡

一微塵中能悉有
不可言說蓮華界
一一蓮華世界中
賢首如來不可說

乃至法界悉周徧
其中所有諸微塵
世界若成若住壞
其數無量不可說

한결같이 이러-한 일체 음성으로
불가설 수의 겁 동안 항상 부처님을 찬탄하되
불가설 수의 겁은 다할지라도
부처님의 공덕을 찬탄함은 다할 수 없느니라

한 가는 티끌 가운데
말로 설할 수 없는 연화장세계*가 모두 있고
낱낱의 연화장세계 가운데
현수(賢首)여래가 불가설 수이니라

더 나아가서 법계에 다 두루 하니
그 가운데 있는 모든 가는 티끌의
이루어지고 머무르며 무너지는 세계
그 수가 한량없어 불가설 수이니라

一微塵處無邊際
無量諸剎普來入
十方差別不可說
剎海分布不可說

一一剎中有如來
壽命劫數不可說
諸佛所行不可說
甚深妙法不可說

神通大力不可說
無障礙智不可說
入於毛孔不可說
毛孔因緣不可說

한 가는 티끌의 곳이 끝 간 데가 없어
한량없는 모든 세계가 널리 들어오니
시방의 차별이 불가설 수이고
세계 바다의 분포가 불가설 수이니라

낱낱의 세계 가운데 계시는 여래의
수명과 겁의 수가 불가설 수이고
모든 부처님께서 행하시는 바가 불가설 수이며
매우 깊고 묘한 법이 불가설 수이니라

신통의 큰 힘이 불가설 수이고
장애 없는 지혜가 불가설 수이며
털구멍에 들어가는 것이 불가설 수이고
털구멍의 인연이 불가설 수이며

成就十力不可說
覺悟菩提不可說
入淨法界不可說
獲深智藏不可說

種種數量不可說
如其一切悉了知
種種形量不可說
於此靡不皆通達

種種三昧不可說
悉能經劫於中住
於不可說諸佛所
所行淸淨不可說

십력을 성취함이 불가설 수이고
보리를 깨달음이 불가설 수이며
깨끗한 법계에 들어감이 불가설 수이고
깊은 지혜의 보배장을 얻음이 불가설 수이니라

갖가지 수량이 불가설 수이지만
그와 같은 일체를 모두 밝게 알고
갖가지 형량이 불가설 수이지만
이것을 다 통달하지 않음이 없느니라

갖가지 삼매가 불가설 수이고
겁이 다 지나도록 그 가운데 머물러
불가설 수의 모든 부처님 처소에서
행하는 청정함이 불가설 수이니라

得不可說無礙心
往詣十方不可說
神力示現不可說
所行無際不可說

往詣衆刹不可說
了達諸佛不可說
精進勇猛不可說
智慧通達不可說

於法非行非不行
入諸境界不可說
不可稱說諸大劫
恒遊十方不可說

불가설 수의 걸림 없는 마음을 얻어
시방에 이르름이 불가설 수이고
위신력을 나타내 보임이 불가설 수이며
행하는 바가 끝없음이 불가설 수이고

온갖 세계에 이르름이 불가설 수이며
모든 부처님을 밝게 통달함이 불가설 수이고
용맹하게 정진함이 불가설 수이며
지혜를 통달함이 불가설 수이니라

법을 행함도 아니고 행하지 않음도 아닌 데서
모든 경계에 들어감이 불가설 수이고
일컬어 설할 수 없는 모든 대겁* 동안
항상 시방에 다님이 불가설 수이니라

方便智慧不可說
眞實智慧不可說
神通智慧不可說
念念示現不可說

於不可說諸佛法
一一了知不可說
能於一時證菩提
或種種時而證入

毛端佛刹不可說
塵中佛刹不可說
如是佛刹皆往詣
見諸如來不可說

방편의 지혜가 불가설 수이고
참답고 실다운 지혜가 불가설 수이며
신통의 지혜가 불가설 수이고
생각마다 나타내 보임이 불가설 수이니라

저 불가설 수의 모든 불법을
낱낱이 밝게 아는 것도 불가설 수이고
한 때에 보리를 증득하기도 하며
혹은 여러 때에 증득하여 들어가기도 하느니라

털끝의 부처님세계가 불가설 수이고
티끌 가운데 부처님세계가 불가설 수이며
이와 같은 부처님세계에 모두 이르러
모든 여래를 친견하는 것이 불가설 수이니라

通達一實不可說
善入佛種不可說
諸佛國土不可說
悉能往詣成菩提

國土衆生及諸佛
體性差別不可說
如是三世無有邊
菩薩一切皆明見

온통인 실다움을 통달함도 불가설 수이고
부처 종자에 잘 들어감도 불가설 수이며
모든 불국토가 불가설 수이나
모두 이르러 보리를 이루느니라

국토와 중생과 모든 부처님의
성품의 몸이 차별됨이 불가설 수이니
이와 같이 삼세가 끝이 없지만
보살이 일체를 다 분명하게 보느니라

# 농선 대원 선사 결문

## 농선 대원 선사 결문(決文)

문 : 아승기품의 도리를 요약해서 보여주십시오.

답 : 아승기품에서도 수를 다 말하지는 못했느니라.
　　그러나 아무리 헤아릴 수 없는 수라 할지라도 한 성품
　　에 든 것은 물론이요, 일체 유정 무정까지도 그 가운데
　　모두 다 들었느니라.
　　한마디로 말하면 법계화가 일상이 된 삶의 세계관이니
　　라.

문 : 어찌해야 그리 되겠습니까?

답 : 악!
　　악!
　　악!

三十一 여래수량품

爾時 心王菩薩摩訶薩 於衆會中 告諸菩薩言 佛子 此娑
婆世界 釋迦牟尼佛刹一劫 於極樂世界阿彌陀佛刹 爲一日
一夜 極樂世界一劫 於袈裟幢世界金剛堅佛刹 爲一日一夜
袈裟幢世界一劫 於不退轉音聲輪世界善勝光明蓮華開敷
佛刹 爲一日一夜 不退轉音聲輪世界一劫 於離垢世界法幢
佛刹 爲一日一夜 離垢世界一劫 於善燈世界師子佛刹 爲
一日一夜 善燈世界一劫 於妙光明世界光明藏佛刹 爲一日
一夜 妙光明世界一劫 於難超過世界法光明蓮華開敷佛刹
爲一日一夜 難超過世界一劫 於莊嚴慧世界一切神通光明
佛刹 爲一日一夜

심왕보살이 열 세계의 겁을 비교하여 설하다

이때 심왕보살마하살이 모인 대중 가운데 모든 보살에게 말하였다.

"불자들이여, 석가모니 부처님세계인 이 사바세계의 일 겁이 아미타 부처님세계인 극락세계의 하루 낮 하루 밤이 되고, 극락세계의 일 겁이 금강견 부처님세계인 가사당세계의 하루 낮 하루 밤이 되며, 가사당세계의 일 겁이 선승광명연화개부 부처님세계인 불퇴전음성륜세계의 하루 낮 하루 밤이 되고, 불퇴전음성륜세계의 일 겁이 법당 부처님세계인 이구세계의 하루 낮 하루 밤이 되며, 이구세계의 일 겁이 사자 부처님세계인 선등세계의 하루 낮 하루 밤이 되고, 선등세계의 일 겁이 광명장 부처님세계인 묘광명세계의 하루 낮 하루 밤이 되며, 묘광명세계의 일 겁이 법광명연화개부 부처님세계인 난초과세계의 하루 낮 하루 밤이 되고, 난초과세계의 일 겁이 일체신통광명 부처님세계인 장엄혜세계의 하루 낮 하루 밤이 되며,

莊嚴慧世界一劫 於鏡光明世界月智佛刹 爲一日一夜 佛子
如是次第 乃至過百萬阿僧祇世界 最後世界一劫 於勝蓮
華世界賢勝佛刹 爲一日一夜 普賢菩薩 及諸同行大菩薩等
充滿其中

장엄혜세계의 일 겁이 월지 부처님세계인 경광명세계의 하루 낮 하루 밤이 됩니다.

불자들이여, 이와 같이 차례로 더 나아가서 백만 아승기 수의 세계를 지나 최후 세계의 일 겁이 현승 부처님세계인 승련화세계의 하루 낮 하루 밤이 되니, 보현보살과 함께 행하는 모든 큰 보살 등이 그 가운데 가득합니다."

# 농선 대원 선사 결문

## 농선 대원 선사 결문(決文)

문 : 여래수량품을 요약해서 보여주십시오.

답 : 이름만 있고 실체가 없는 것이니라.

문 : 자비를 베푸소서.

답 : (장지로 방바닥을 한 번 튕기다.)

# 三十二 제보살주처품

爾時 心王菩薩摩訶薩 於衆會中 告諸菩薩言 佛子 東方
有處 名仙人山 從昔已來 諸菩薩衆 於中止住 現有菩薩
名金剛勝 與其眷屬諸菩薩衆三百人俱 常在其中 而演說
法 南方 有處 名勝峰山 從昔已來 諸菩薩衆 於中止住 現
有菩薩 名曰法慧 與其眷屬諸菩薩衆五百人俱 常在其中
而演說法 西方 有處 名金剛焰山 從昔已來 諸菩薩衆 於
中止住 現有菩薩 名精進無畏行 與其眷屬諸菩薩衆三百
人俱 常在其中 而演說法

##  심왕보살이 보살의 주처와 권속에 대해 설하다

이때 심왕보살마하살이 모인 대중 가운데 모든 보살에게 말하였다.

"불자들이여, 동방에 처소가 있으니 선인산이라 이름하고, 옛적부터 모든 보살 대중이 그 가운데 머물렀으며, 지금은 금강승보살이 있어 그의 권속인 모든 보살 대중 삼백 명과 함께 항상 그 가운데 있으면서 법을 널리 펴 설합니다.

남방에 처소가 있으니 승봉산이라 이름하고, 옛적부터 모든 보살 대중이 그 가운데 머물렀으며, 지금은 법혜보살이 있어 그의 권속인 모든 보살 대중 오백 명과 함께 항상 그 가운데 있으면서 법을 널리 펴 설합니다.

서방에 처소가 있으니 금강염산이라 이름하고, 옛적부터 모든 보살 대중이 그 가운데 머물렀으며, 지금은 정진무외행보살이 있어 그의 권속인 모든 보살 대중 삼백 명과 함께 항상 그 가운데 있으면서 법을 널리 펴 설합니다.

北方 有處 名香積山 從昔已來 諸菩薩衆 於中止住 現有
菩薩 名曰香象 與其眷屬諸菩薩衆三千人俱 常在其中 而
演說法 東北方 有處 名淸涼山 從昔已來 諸菩薩衆 於中
止住 現有菩薩 名文殊師利 與其眷屬諸菩薩衆一萬人俱
常在其中 而演說法 海中 有處 名金剛山 從昔已來 諸菩
薩衆 於中止住 現有菩薩 名曰法起 與其眷屬 諸菩薩衆
千二百人俱 常在其中 而演說法 東南方 有處 名支提山
從昔已來 諸菩薩衆 於中止住 現有菩薩 名曰天冠 與其眷
屬諸菩薩衆一千人俱 常在其中 而演說法

북방에 처소가 있으니 향적산이라 이름하고, 옛적부터 모든 보살 대중이 그 가운데 머물렀으며, 지금은 향상보살이 있어 그의 권속인 모든 보살 대중 삼천 명과 함께 항상 그 가운데 있으면서 법을 널리 펴 설합니다.

동북방에 처소가 있으니 청량산*이라 이름하고, 옛적부터 모든 보살 대중이 그 가운데 머물렀으며, 지금은 문수사리보살이 있어 그의 권속인 모든 보살 대중 일만 명과 함께 항상 그 가운데 있으면서 법을 널리 펴 설합니다.

바다 가운데 처소가 있으니 금강산이라 이름하고, 옛적부터 모든 보살 대중이 그 가운데 머물렀으며, 지금은 법기보살이 있어 그의 권속인 모든 보살 대중 천 이백 명과 함께 항상 그 가운데 있으면서 법을 널리 펴 설합니다.

동남방에 처소가 있으니 지제산*이라 이름하고, 옛적부터 모든 보살 대중이 그 가운데 머물렀으며, 지금은 천관보살이 있어 그의 권속인 모든 보살 대중 일천 명과 함께 항상 그 가운데 있으면서 법을 널리 펴 설합니다.

西南方 有處 名光明山 從昔已來 諸菩薩衆 於中止住 現
有菩薩 名曰賢勝 與其眷屬諸菩薩衆三千人俱 常在其中
而演說法 西北方 有處 名香風山 從昔已來 諸菩薩衆 於
中止住 現有菩薩 名曰香光 與其眷屬諸菩薩衆五千人俱
常在其中 而演說法 大海之中 復有住處 名莊嚴窟 從昔已
來 諸菩薩衆 於中止住 毘舍離南 有一住處 名善住根 從
昔已來 諸菩薩衆 於中止住

서남방에 처소가 있으니 광명산\*이라 이름하고, 옛적부터 모든 보살 대중이 그 가운데 머물렀으며, 지금은 현승보살이 있어 그의 권속인 모든 보살 대중 삼천 명과 함께 항상 그 가운데 있으면서 법을 널리 펴 설합니다.

　서북방에 처소가 있으니 향풍산이라 이름하고, 옛적부터 모든 보살 대중이 그 가운데 머물렀으며, 지금은 향광보살이 있어 그의 권속인 모든 보살 대중 오천 명과 함께 항상 그 가운데 있으면서 법을 널리 펴 설합니다.

　큰 바다 가운데 다시 머무르는 곳이 있으니 장엄굴이라 이름하고, 옛적부터 모든 보살 대중이 그 가운데 머무릅니다.

　비사리\*남쪽에 한 머무르는 곳이 있으니 선주근이라 이름하고, 옛적부터 모든 보살 대중이 그 가운데 머무릅니다.

摩度羅城 有一住處 名滿足窟 從昔已來 諸菩薩衆 於中止
住 俱珍那城 有一住處 名曰法座 從昔已來 諸菩薩衆 於
中止住 清淨彼岸城 有一住處 名目眞隣陀窟 從昔已來 諸
菩薩衆 於中止住 摩蘭陀國 有一住處 名無礙龍王建立 從
昔已來 諸菩薩衆 於中止住 甘菩遮國 有一住處 名出生慈
從昔已來 諸菩薩衆 於中止住 震旦國 有一住處 名那羅延
窟 從昔已來 諸菩薩衆 於中止住 疏勒國 有一住處 名牛
頭山 從昔已來 諸菩薩衆 於中止住 迦葉彌羅國 有一住處
名曰次第 從昔已來 諸菩薩衆 於中止住

마도라\*성에 한 머무르는 곳이 있으니 만족굴이라 이름하고, 옛적부터 모든 보살 대중이 그 가운데 머무릅니다.

구진나\*성에 한 머무르는 곳이 있으니 법좌라 이름하고, 옛적부터 모든 보살 대중이 그 가운데 머무릅니다.

청정피안성에 한 머무르는 곳이 있으니 목진린타\*굴이라 이름하고, 옛적부터 모든 보살 대중이 그 가운데 머무릅니다.

마란타\*국에 한 머무르는 곳이 있으니 무애용왕건립이라 이름하고, 옛적부터 모든 보살 대중이 그 가운데 머무릅니다.

감보차\*국에 한 머무르는 곳이 있으니 출생자라 이름하고, 옛적부터 모든 보살 대중이 그 가운데 머무릅니다.

진단\*국에 한 머무르는 곳이 있으니 나라연굴이라 이름하고, 옛적부터 모든 보살 대중이 그 가운데 머무릅니다.

소륵\*국에 한 머무르는 곳이 있으니 우두산이라 이름하고, 옛적부터 모든 보살 대중이 그 가운데 머무릅니다.

가섭미라\*국에 한 머무르는 곳이 있으니 차제라 이름하고, 옛적부터 모든 보살 대중이 그 가운데 머무릅니다.

增長歡喜城 有一住處 名尊者窟 從昔已來 諸菩薩衆 於中
止住 菴浮梨摩國 有一住處 名見億藏光明 從昔已來 諸菩
薩衆 於中止住 乾陀羅國 有一住處 名苫婆羅窟 從昔已來
諸菩薩衆 於中止住

증장환희성에 한 머무르는 곳이 있으니 존자굴이라 이름하고, 옛적부터 모든 보살 대중이 그 가운데 머무릅니다.

암부리마*국에 한 머무르는 곳이 있으니 견억장광명이라 이름하고, 옛적부터 모든 보살 대중이 그 가운데 머무릅니다.

건타라*국에 한 머무르는 곳이 있으니 점바라굴이라 이름하고, 옛적부터 모든 보살 대중이 그 가운데 머무릅니다."

# 농선 대원 선사 결문

## 농선 대원 선사 결문(決文)

문 : 제보살주처품을 요약해서 보여주십시오.

답 : 불보살은 인연 따라 머물러서 때를 기다려 그릇 따라 법을 베푸느니라.

문 : 어떠한 법을 베풉니까?

답 : 물은 낮은 곳으로 흐르고
바람은 산을 만나면 오르며
불은 사면으로 번지느니라

## ∽ 미주

* 가섭미라(迦葉彌羅) : 북인도 간다라지방의 동쪽 지역에 위치
하며 현재의 카슈미르(Cashmir) 지역에 해당한다. 히말라야 산
맥의 지맥인 여러 봉우리로 둘러싸인 골짜기에 위치해 있다. 협
(脇), 세우(世友), 마명(馬鳴) 등 5백 아라한을 초청하여 대비
바사론(大毘婆沙論)을 편찬했다고 한다. 가섭밀다(迦葉密多),
가습미라(可濕彌羅),' 개습밀라(个濕密羅), 겁비사야(劫比舍也),
겁빈(劫賓), 계빈나(罽賓), 계습미라(罽濕彌羅) 등으로도 음사
하고, 아수인(阿誰人), 아수입(阿誰入)등으로 한역한다.

* 감보차(甘菩遮) : 인도 인더스강에 위치하며 현재의 서부 아프
카니스탄 지방에 해당하며, 부처님 당시 인도 16대국의 하나이
다. 말의 출생지로 유명하다. 나라 이름은 이 나라 사람들의 얼
굴 모양이 능금 모양의 과일인 감보자를 닮은 것에서 유래한 것
이다. 검보제(劍菩提), 검부사(劍浮沙), 검포사(劍蒲沙), 검병
사(劍洴沙), 검마지(劍摩耆), 금보사(金菩闍)라고도 하며, 가예
(可愛), 호(好), 승(勝)등으로 한역한다.

* 건타라(乾陀羅) : 북인도 서북부 지방에 위치하며 현재의 파키
스탄의 페샤와르 지역에 해당하며, 부처님 당시 16대국의 하나
이다. 무착(無着), 세친(世親), 법구(法救), 협(脇) 등 인도불교
사에 있어 가장 위대한 학승들이 이 지역에서 활약하였다. 이

지역은 예로부터 외래문화를 받아들인 관문이었을 뿐만 아니
라 불교를 비롯한 인도문화를 외부에 전파한 근거지이기도 하였
다. 간다라 미술은 희랍식 기법을 받아들여 불교사상을 표현한
것으로 이러한 지역적 소산이라 할 수 있다. 간다라(gandhāra),
건타라(健馱邏), 건타라(犍陀羅), 건타(乾陀), 건타위(乾陀衛),
건타월(乾陀越)이라고도 하며, 지지(持地), 향행(香行), 향편
(香遍), 향정(香淨), 향결(香潔)등으로 한역한다.

* 광명산(光明山) : 남인도 남쪽 해안에 위치하며, 관세음보살이
  머무르는 곳이라 한다. 보타락산(補陀落山)이라고도 한다.

* 구지(俱胝) : 인도의 수량 또는 시간의 단위로 억 혹은 1천만을
  뜻한다. 구지(拘胝), 구치(俱致), 구리(拘梨)라고도 하며, 첨단
  이나 극단을 뜻하여 제(際), 실제(實際), 변(邊), 변제(邊際)등
  으로 한역된다.

* 구진나(俱珍那) : 구진(俱珍)이라는 선인(仙人)을 따르는 무리
  들이 세운 성(城)을 말한다. 진나(珍那)라고도 한다.

* 나유타(那由多) : 인도의 수량 또는 시간의 단위로 1천만 혹은
  1천억이라는 지극히 큰 수를 뜻하며, 아유타의 100배에 해당한
  다고 한다. 나유다(那庾多), 나유타(那由佗), 나술(那述)이라고
  도 한다. 1만, 10만, 1천억, 1조, 1구(溝) 등으로 한역한다.

* 낙차(落叉) : 인도의 수량 또는 시간의 단위로 십만을 뜻하며, 100낙차가 1구지(俱胝)에 해당한다고 한다. 낙사(洛沙), 나걸사(攞乞史) 라고도 한다.

* 대겁(大劫) : 하나의 우주가 창조되고 지속하여 파괴된 후 다음 우주가 창조되기 전까지의 시간을 말한다. 대겁은 성(成)·주(住)·괴(壞)·공(空)의 4겁으로 이루어져 있다. 성겁(成劫) 등 각 겁은 모두 20소겁(小劫)이므로 1대겁은 80소겁으로 이루어져 있는 것이다.

* 마도라(摩度羅) : 중인도의 서북부에 위치해 현재 줌나(Jumna) 강 서남쪽에 해당하며, 부처님 당시 인도 16대국의 하나이다. 옛부터 교통의 요충지 역할을 한 곳으로 현재 인도의 수도 뉴델리와 타지마할로 유명한 아그라의 한가운데에 해당하는 지역이다. 남인도의 도시인 마두라와 구별하여 북마두라로 언급된다. 말토라(末土羅), 마투라(摩偸羅), 마돌라(摩突羅), 마두라(摩頭羅)라고도 한다.

* 마란타(摩蘭陀) : 부처님께서 성도하신 마갈타(摩竭陀)와 같은 곳으로 알려져 있다. 중인도의 동부에 위치해 현재 비하르(Bihar)의 남쪽 지역에 해당하며, 부처님 당시 인도 16대국의 하나이다.

* 목진린타(目眞隣陀) : 중인도 마갈타국에 위치한 산. 이 산에
  같은 이름의 용왕이 살고 있다고 한다. 목지린타(目脂隣陀)라고
  도 한다.

* 비사리(毘舍離) : 중인도에 위치해 있으며, 부처님 당시 인도
  16대국의 하나이다. 부처님 열반 후 백 년경에 7백 명의 스님들
  이 제2차 결집을 한 장소로 유명하며, 유마거사가 살았던 곳이
  기도 하다. 비야리(毘耶離), 폐사리(吠舍釐), 유야리(維耶梨),
  바이샬리(vaiśālī), 비살리(vesālī)라고도 하며, 광엄(廣嚴), 광박
  엄정(廣博嚴淨)이라 한역한다.

* 소륵(疏勒) : 서역에 위치해 있으며, 현재 카슈카르(Kashgar)
  지방으로 동서 교통의 요충지이다. 거사(倨沙), 사륵(沙勒), 가
  사(伽沙), 기사(寄沙), 가실합이(可失哈耳), 실리글률다지(室利
  訖栗多底)라고도 한다. 사람들의 성품이 포악하고 거짓말을 잘
  했기 때문에 악성(惡性), 부정어(不正語)라고 한역한다.

* 암부리마(菴浮梨摩) : 중인도에 위치한 나라. 부리마(浮梨摩)
  라는 과일이 많이 나기 때문에 지어진 이름이며, 이 과일은 서
  역의 과일로 많은 질병을 치료할 수 있다고 한다. 암라(菴羅)라
  고도 하며, 무구(無垢)라 한역한다.

* 연화장세계(蓮華藏世界) : 비로자나여래가 과거에 발원하여 보

살의 행을 닦고서 성취한 청정하고 장엄한 세계를 말한다. 풍륜(風輪)이 있고 그 위에 향수해(香水海)가 있으며, 그 속에 한 송이의 큰 연꽃이 있는데 이 연꽃 속에 함장(含藏)되어 있는 세계이다. 연화장엄세계해(蓮華藏莊嚴世界海), 화장장엄세계해(華藏莊嚴世界海), 화장세계(華藏世界), 십연화장엄세계해(十蓮華莊嚴世界海), 십연화장세계(十蓮華藏世界), 십화장(十華藏)이라고도 한다.

* 지제산(支提山) : 스리랑카에 있는 산이다. 지제(支提)는 탑이라는 뜻으로, 공덕섭산(功德攝山), 중산(衆山), 상산(象山)이라고 한역한다.

* 진단(震旦) : 인도에서 중국을 칭하는 말. 진단(眞丹, 神丹)이라고도 한다.

* 청량산(清凉山) : 당(唐)나라의 대주(代洲) 오대산(五臺山)의 다른 이름이다. 겨울은 물론이고 여름에도 눈이 쌓여있으므로 청량산이라 한다.

불조정맥

# 불조정맥(佛祖正脈)

## 🪷 인 도

교조 석가모니불 (敎祖 釋迦牟尼佛)

1조 마하가섭 (摩訶迦葉)

2조 아난다 (阿難陀)

3조 상나화수 (商那和脩)

4조 우바국다 (優波鞠多)

5조 제다가 (堤多迦)

6조 미차가 (彌遮迦)

7조 바수밀 (婆須密)

8조 불타난제 (佛陀難堤)

9조 복타밀다 (伏馱密多)

10조 파율습박(협) (波栗濕縛, 脇)

11조 부나야사 (富那夜奢)

12조 아나보리(마명) (阿那菩堤, 馬鳴)

13조 가비마라 (迦毗摩羅)

14조 나가르주나(용수) (那閼羅樹那, 龍樹)

15조 가나제바 (迦那堤波)

16조 라후라타 (羅睺羅陀)

17조 승가난제 (僧伽難提)

18조 가야사다 (迦耶舍多)

19조 구마라다 (鳩摩羅多)

20조 사야다 (闍夜多)

21조 바수반두 (婆修盤頭)

22조 마노라 (摩拏羅)

23조 학륵나 (鶴勒那)

24조 사자보리 (師子菩堤)

25조 바사사다 (婆舍斯多)

26조 불여밀다 (不如密多)

27조 반야다라 (般若多羅)

28조 보리달마 (菩堤達磨)

🪷 중 국

29조 신광 혜가 (2 조 神光 慧可)

30조 감지 승찬 (3 조 鑑智 僧璨)

31조 대의 도신 (4 조 大醫 道信)

32조 대만 홍인 ( 5조 大滿 弘忍)

33조 대감 혜능 ( 6조 大鑑 慧能)

34조 남악 회양 ( 7조 南嶽 懷讓)

35조 마조 도일 ( 8조 馬祖 道一)

36조 백장 회해 ( 9조 百丈 懷海)

37조 황벽 희운 (10조 黃檗 希雲)

38조 임제 의현 (11조 臨濟 義玄)

39조 홍화 존장 (12조 興化 存奬)

40조 남원 혜옹 (13조 南院 慧顒)

41조 풍혈 연소 (14조 風穴 延沼)

42조 수산 성념 (15조 首山 省念)

43조 분양 선소 (16조 汾陽 善昭)

44조 자명 초원 (17조 慈明 楚圓)

45조 양기 방회 (18조 楊岐 方會)

46조 백운 수단 (19조 白雲 守端)

47조 오조 법연 (20조 五祖 法演)

48조 원오 극근 (21조 圓悟 克勤)

49조 호구 소륭 (22조 虎丘 紹隆)

50조 응암 담화 (23조 應庵 曇華)

51조 밀암 함걸 (24조 密庵 咸傑)

52조 파암 조선 (25조 破庵 祖先)

53조 무준 사범 (26조 無準 師範)

54조 설암 혜랑 (27조 雪岩 慧郞)

55조 급암 종신 (28조 及庵 宗信)

56조 석옥 청공 (29조 石屋 淸珙)

## 한 국

57조 태고 보우 ( 1 조 太古 普愚)

58조 환암 혼수 ( 2 조 幻庵 混脩)

59조 구곡 각운 ( 3 조 龜谷 覺雲)

60조 벽계 정심 ( 4 조 碧溪 淨心)

61조 벽송 지엄 ( 5 조 碧松 智儼)

62조 부용 영관 ( 6 조 芙蓉 靈觀)

63조 청허 휴정 ( 7 조 淸虛 休靜)

64조 편양 언기 ( 8 조 鞭羊 彦機)

65조 풍담 의심 ( 9 조 楓潭 義諶)

66조 월담 설제 (10조 月潭 雪霽)

67조 환성 지안 (11조 喚醒 志安)

68조 호암 체정 (12조 虎巖 體淨)

69조 청봉 거안 (13조 靑峰 巨岸)

70조 율봉 청고 (14조 栗峰 靑杲)

71조 금허 법첨 (15조 錦虛 法沾)

72조 용암 혜언 (16조 龍巖 慧言)

73조 영월 봉율 (17조 詠月 奉律)

74조 만화 보선 (18조 萬化 普善)

75조 경허 성우 (19조 鏡虛 惺牛)

76조 만공 월면 (20조 滿空 月面)

77조 전강 영신 (21조 田岡 永信)

78대 농선 대원 (22대 弄禪 大圓)

# 농선 대원 선사님
# 인가 내력

# 농선 대원 선사님 인가 내력

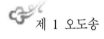
제 1 오도송

이 몸을 끄는 놈 이 무슨 물건인가?
골똘히 생각한 지 서너 해 되던 때에
쉬이하고 불어온 솔바람 한 소리에
홀연히 대장부의 큰 일을 마치었네

무엇이 하늘이고 무엇이 땅이런가
이 몸이 청정하여 이러-히 가없어라
안팎 중간 없는 데서 이러-히 응하니
취하고 버림이란 애당초 없다네

하루 온종일 시간이 다하도록
헤아리고 분별한 그 모든 생각들이

옛 부처 나기 전의 오묘한 소식임을
듣고서 의심 않고 믿을 이 누구인가!


此身運轉是何物
疑端汩沒三夏來
松頭吹風其一聲
忽然大事一時了


何謂靑天何謂地
當體淸淨無邊外
無內外中應如是
小分取捨全然無


一日於十有二時
悉皆思量之分別
古佛未生前消息
聞者卽信不疑誰


　　농선 대원 선사님의 스승이신 불조정맥 제77조 조계종(曹溪宗) 전
강(田岡) 대선사님께서 1962년 대구 동화사의 조실로 계실 당시 농
선 대원 선사님께서도 동화사에 함께 머무르고 계셨다.
　　하루는, 전강 대선사님께서 대원 선사님의 3연으로 되어 있는 제
1오도송을 들어 깨달은 바는 분명하나 대개 오도송은 짧게 짓는다

고 말씀하셨다. 이에 대원 선사님께서는 제1오도송을 읊은 뒤, 도솔암을 떠나 김제들을 지나다가 석양의 해와 달을 보고 문득 읊었던 제2오도송을 일러드렸다.

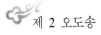 제 2 오도송

해는 서산 달은 동산 덩실하게 얹혀 있고
김제의 평야에는 가을빛이 가득하네
대천이란 이름자도 서지를 못하는데
석양의 마을길엔 사람들 오고 가네

日月兩嶺載同模
金提平野滿秋色
不立大千之名字
夕陽道路人去來

제2오도송을 들으신 전강 대선사님께서는 이에 그치지 않고 그와 같은 경지를 담은 게송을 이 자리에서 즉시 한 수 지어볼 수 있겠냐고 하셨다. 대원 선사님께서는 곧바로 다음과 같이 읊으셨다.

바위 위에는 솔바람이 있고

산 아래에는 황조가 날도다
대천도 흔적조차 없는데
달밤에 원숭이가 어지러이 우는구나

岩上在松風
山下飛黃鳥
大千無痕迹
月夜亂猿啼

전강 대선사님께서는 위 송의 앞의 두 구를 들으실 때만 해도 지그시 눈을 감고 계시다가 뒤의 두 구를 마저 채우자 문득 눈을 뜨고 기뻐하는 빛이 역력하셨다.

그러나 전강 대선사님께서는 여기에서도 그치지 않고 다시 한 번 물으셨다.

"대중들이 자네를 산으로 불러내고 그중에 법성(향곡 스님 법제자인 진제 스님. 동화사 선방에 있을 당시에 '법성'이라 불렀고, 나중에 '법원'으로 개명하였다.)이 달마불식(達磨不識) 도리를 일러보라 했을 때 '드러났다'라고 답했다는데, 만약에 자네가 당시의 양무제였다면 '모르오'라고 이르고 있는 달마 대사에게 어떻게 했겠는가?"

대원 선사님께서 답하셨다.

"제가 양무제였다면 '성인이라 함도 서지 못하나 이러-히 짐의 덕화와 함께 어우러짐이 더욱 좋지 않겠습니까?' 하며 달마 대사의

손을 잡아 일으켰을 것입니다."

전강 대선사님께서 탄복하며 말씀하셨다.

"어느새 그 경지에 이르렀는가?"

"이르렀다곤들 어찌 하며, 갖추었다곤들 어찌 하며, 본래라곤들 어찌 하리까? 오직 이러-할 뿐인데 말입니다."

대원 선사님께서 연이어 말씀하시자 전강 대선사님께서 이에 환희하시니 두 분이 어우러진 자리가 백아가 종자기를 만난 듯, 고수 명창 어울리듯 화기애애하셨다.


달마불식 공안에 대한 위의 문답은 내력이 있는 것이다. 전강 대선사님께서 대원 선사님을 부르기 며칠 전에, 저녁 입선 시간 중에 노장님 몇 분만이 자리에 앉아있을 뿐 자리가 텅텅 비어 있었다고 한다.

대원 선사님께서 이상히 여기고 있던 중, 밖에서 한 젊은 수좌가 대원 선사님을 불렀다. 그 수좌의 말이 스님들이 모두 윗산에 모여 기다리고 있으니 가자고 하기에 무슨 일인가 하고 따라가셨다.

그러자 그 자리에 있던 법성 스님이 보자마자 달마불식 법문을 들고 이르라고 하기에 지체없이 답하셨다.

"드러났다."

곁에 계시던 송암 스님께서 또 안수정등 법문을 들고 물으셨다.

"여기서 어떻게 살아나겠소?"

대뜸 큰소리로 이르셨다.

"안 · 수 · 정 · 등."

이에 좌우에 모인 스님들이 함구무언(緘口無言)인지라 대원 선사님께서는 먼저 그 자리를 떠나 내려와 버리셨다.

그 다음날 입승인 명허 스님께서 아침 공양이 끝난 자리에서 지난 밤 입선시간 중에 무단으로 자리를 비운 까닭을 묻는 대중 공사를 붙여 산 중에서 있었던 일들이 낱낱이 드러나고 말았다. 그리하여 입선시간 중에 자리를 비운 스님들은 가사 장삼을 수하고 조실인 전강 대선사님께 참회의 절을 했던 일이 있었다.

전강 대선사님께서는 이때에 대원 선사님께서 달마불식 도리에 대해 일렀던 경지를 점검하셨던 것이다.

이런 철저한 검증의 자리가 있었던 다음 날, 전강 대선사님께서 부르시기에 대원 선사님께서 가보니 주지인 월산(月山) 스님께서 모든 것이 약조된 데에서 입회해 계셨으며 전강 대선사님께서는 곧바로 다음과 같이 전법게(傳法偈)를 전해주셨다.

## 전 법 게

부처와 조사도 일찍이 전한 것이 아니거늘
나 또한 어찌 받았다 하며 준다 할 것인가
이 법이 2천년대에 이르러서
널리 천하 사람을 제도하리라

佛祖未曾傳
我亦何受授
此法二千年
廣度天下人

 덧붙여 이 일은 월산 스님이 증인이며 2000년까지 세 사람 모두 절대 다른 사람이 알게 하거나 눈에 띄게 하지 않아야 한다고 당부하셨다.
 만약 그러지 않을 시에는 대원 선사님께서 법을 펴 나가는데 장애가 있을 것이라고 예언하셨다. 또한 각별히 신변을 조심하라 하시고 월산 스님에게 명령해 대원 선사님을 동화사의 포교당인 보현사에 내려가 교화에 힘쓰게 하셨다.
 대원 선사님께서 보현사로 떠나는 날, 전강 대선사님께서는 미리 적어두셨던 부송(付頌)을 주셨으니 다음과 같다.

 부 송


어상을 내리지 않고 이러-히 대한다 함이여
뒷날 돌아이가 구멍 없는 피리를 불리니
이로부터 불법이 천하에 가득하리라

不下御床對如是

後日石兒吹無孔

自此佛法滿天下


　위의 송의 '어상을 내리지 않고 이러-히 대한다 함이여'라는 첫째 줄 역시 내력이 있는 구절이다.

　전에 대원 선사님께서 전강 대선사님을 군산 은적사에서 모시고 계실 당시 마당에서 홀연히 마주쳤을 때 다음과 같은 문답이 있었다.

　전강 대선사님께서 물으셨다.

　"공적(空寂)의 영지(靈知)를 이르게."

　대원 선사님께서 대답하셨다.

　"이러-히 스님과 대담(對談)합니다."

　"영지의 공적을 이르게."

　"스님과의 대담에 이러-합니다."

　"어떤 것이 이러-히 대담하는 경지인가?"

　"명왕(明王)은 어상(御床)을 내리지 않고 천하 일에 밝습니다."

　위와 같은 문답 중에 대원 선사님께서 답하신 경지를 부송의 첫째 줄에 담으신 것이다.


　전강 대선사님께서 대원 선사님을 인가(印可)하신 과정을 볼 때 한 번, 두 번, 세 번을 확인하여 철저히 점검하신 명안종사의 안목

에 탄복하지 않을 수 없으며 이에 끝까지 1초의 머뭇거림도 없이 명철하셨던 대원 선사님께 찬탄하지 않을 수 없다.

그리하여 법열로 어우러진 두 분의 자리가 재현된 듯 함께 환희 용약하지 않을 수 없다.

이제 전강 대선사님과 약속한 2천년대를 맞이하였으므로 여기에 전법게를 밝힌다.

이로써 경허, 만공, 전강 대선사님으로 내려온 근대 대선지식의 정법의 횃불이 이 시대에 이어져 전강 대선사님의 예언대로 불법이 천하에 가득할 것이다.

# 21세기에
# 인류가 해야 할 일

# 21세기에 인류가 해야 할 일

이 사람은 1962년 26세 때부터 21세기에 인류에게 닥칠 공해문제, 에너지문제를 예견하고 대체에너지(무한원동기, 태양력, 파력, 풍력 등) 개발과 '울 안의 농법'을 연구하고 그 필요성을 많은 이들에게 이야기해 왔습니다.

당시에는 너무 시대를 앞서가는 이야기여서인지 일반인들이 수용하지 못하고 오히려 불신의 눈으로 바라보며 이 사람의 법마저 의심하였습니다. 하지만 현대에 있어서는 이것이 인류가 해결해야 할 가장 절박한 사안이 되어 있습니다.

'사막화방지 국제연대'를 설립한 것도 현재 인류가 해결해야 할 가장 절박한 지구환경문제를 이슈화시키고 그 해결책을 제시하여 재앙에 직면한 지구촌을 살리기 위해서입니다.

'사막화방지 국제연대'에서 추진하고 있는 사막화 방지, 지구 초원화, 대체에너지 개발은 온 인류가 발 벗고 나서서 해야 할 일입니다.

첫째 사막화 방지에 있어서 기존에 해왔던 '나무심기 사업'은 천문학적인 예산과 많은 인력을 동원하고도 극도로 황폐한 사막화된 환경을 되살리는 데 실패하였습니다.

그래서 이 사람은 사막화 방지에 있어서는 '사막 해수로 사업'을 새로운 방안으로 제시하였습니다.

사막 해수로 사업은 사막화된 지역에 수도관을 매설하여 바닷물을 끌어들여서 염분에 강한 식물을 중심으로 자연생태계를 복원하는 사업입니다.

이것은 나무심기 사업으로 심은 나무들이 절대적으로 물이 부족하여 생존할 수 없었던 문제를 해결할 수 있는, 현재로서는 유일한 해결책입니다.

그러나 '사막화방지 국제연대'의 목적은 사막이 확장되는 것을 방지하자는 것이지 사막 전체를 완전히 없애자는 것은 아닙니다. 인체에서 심장이 모든 피를 전신의 구석구석까지 골고루 보내어 살아서 활동하게 하듯이 사막은 오히려 지구의 심장 역할을 하는 중요한 곳이기 때문입니다.

그래서 21세기에 있어서는 다만 사막의 확장을 방지할 뿐 아니라 사막을 어떻게 운용하느냐를 연구해야 합니다.

사막에 바둑판처럼 사방이 막힌 플륨관 수로를 설치하여 동, 서, 남, 북 어느 방향의 수로를 얼마만큼 채우느냐 비우느냐에 따라, 사막으로부터 사방 어느 방향으로든 거리까지 조절하여, 원하는 지역에 비를 내리게 하고 그치게 할 수 있습니다. 철저히 과학적인

데이터에 의해 이렇게 사막을 운용함으로써 21세기의 지구를 풍요
로운 낙원시대로 만들어가야 합니다.

둘째로 지구를 초원화할 수 있는 방안으로서 3년간의 실험을 통
해, 광활한 황무지 지역을 큰 비용을 들이거나 많은 인력을 동원하
지 않고도 짧은 시간 내에 초지로 바꿀 수 있는 식물을 찾아냈습
니다.

그것은 바로 '돌나물'입니다. 돌나물은 따로 종자를 심을 필요가
없이 헬리콥터나 비행기로 살포해도 생존, 번식할 수 있으며, 추위
와 더위, 황폐한 땅에서도 살아남을 수 있는 생명력과 번식력이 강
한 식물입니다.

지구환경을 되살리는 초지조성 사업에 있어서 이것이 큰 도움이
되리라 생각합니다.

셋째의 대체에너지 개발에 있어서는 태양력, 파력, 풍력 등 1962
년도부터 이 사람이 연구하고 얘기해왔던 방법들이 이미 많이 개
발되어 실용화한 단계에 있습니다.

이 세 가지 일은 한 개인이나 한 국가가 할 수 있는 일이 아닙니
다. 모든 국가가 앞장서서 전 세계적인 사업으로 이루어져야 합니
다. 모든 국가가 함께 한 기금조성이 이루어져야 하고 기금조성에
참여한 국가는 이 시스템에 의한 전면적인 혜택을 입을 수 있도록
해야 합니다.

인류 모두가 지혜를 모아 이 일에 전력을 다한다면 인류는 유사
이래 가장 좋은 시절을 맞이하게 될 것이며, 만약 이 일을 남의 일

인 양 외면한다면 극한의 재앙을 면할 수 없을 것입니다.

이 사람이 오래 전부터 얘기해왔던 '울 안의 농법'은 이미 미국 라스베이거스(Las Vegas)에서 30층짜리 '고층 빌딩 농장'으로 구현되었습니다. 그렇게 크게도 운영될 수 있지만 각자 자신의 집에서 이루어지는 '울 안의 농법'도 필요합니다.

21세기에 있어서 또 하나 인류가 만일의 사태를 대비해서 연구, 추진해야 될 일이 있다면 바닷속에서의 수중생활, 수중경작입니다.

지구가 심하게 온난화될 경우, 공기가 너무 많이 오염될 경우, 바닷물이 높아져 살 땅이 좁아질 경우 등에 대비할 때, 인류는 우주에서의 삶보다는 바닷속에서의 삶을 준비해야 합니다. 왜냐하면 그것이 훨씬 수월하고 비용도 절감할 수 있기 때문입니다.

이렇게 깨달은 이는 이변적으로는 깨달음을 얻게 하여 영생불멸의 삶을 영위할 수 있도록 만인을 이끌어야 하며 사변적으로는 일반인이 예측할 수 없는 백 년, 천 년 앞을 내다보아 이를 미리 앞서 대비하도록 만인의 삶을 이끌어줘야 한다고 생각합니다.

불법의 뜻은 다만 진리 전수에만 있는 것이 아니니, 만인이 서로 함께 영원한 극락을 누릴 때까지 물심양면으로, 이사일여로 베풀어 교화해야 하기 때문입니다.

부록 4

# 가슴으로 부르는
# 불심의 노래

여기에 실린 것들은 모두 농선 대원 선사님
께서 직접 작사하신 곡들이다.

  수행의 길로 들어서게끔 신심, 발심을 북돋
아주는 곡으로부터 수행의 길로 접어든 이의
구도의 몸부림이 담겨있는 곡, 대승의 원력을
발해서 교화하는 보살의 자비심과 함께 낙원
세계를 누리는 풍류를 그려놓은 곡까지 가사
한마디, 한마디가 생생하여 그 뜻이 뼛속 깊이
새겨지고 그 멋에 흠뻑 취하게 된다.

  농선 대원 선사님께서는 거칠고 말초적인
요즘의 노래를 듣고 이러한 정서를 순화시키
고자, 또한 수행의 마음을 진작시키고자 하는
뜻에서 이 곡들을 작사하셨다.

## 🪷 가슴으로 부르는 불심의 노래 - 악보 목록

## 🪷 기타 노래 목록

# 서원가

작사 문재현
작곡 배신영
노래 홍노경

느리게

참 나 를 깨 달 아 서    보 림 을 하 고    다 가 올 내 앞 날 의
보 살 의 가 는 길 이    험 난 타 해 도    맹 세 코 초 지 일 관
중 생 이 끝 이 없 다    말 들 을 해 도    보 현 의 만 행 다 해

서 원 이 라 네    기 어 코 육 바 라 밀    성 취 를 하 여 -
서 원 이 라 네    구 류 를 그 릇 따 라    깨 닫 게 하 여 -
제 도 를 하 여    유 정 과 무 정 모 두    다 한 그 날 이 -

불 보 살 님 큰 은 - 혜 - 에    보 - 답 하 - 면 서
스 승 님 의 큰 은 - 혜 - 에    보 - 답 하 - 면 서
삼 보 님 의 큰 은 - 혜 - 를    갚 - 는 날 - 이 니

영 원 히 구 제 의 길    나 는 - 가 리 -    라
영 원 히 구 제 의 길    나 는 - 가 리 -    라
영 원 히 구 제 의 길    나 는 - 가 리 -    라

Fine

# 반조 염불가

작사 문재현
작곡 배신영
노래 홍노경

느리게

님께—서 베 푸신 자비의 은혜 오늘
본 래—에 드러난 나인걸 몰라 낙원

도 감사한맘— 어찌— 잊으리니
올 고해로서— 사—는— 삶이니

가르침따름만— 이 살길이란다짐으로 간
가르침따름만— 이 살길이란다짐으로 반

절 히시시때때 회광반조 아미타불— 백—
조 의아미타불 나도잊은 삼매의앎— 깨—

팔 염주일상화로 기어이— 크게깨쳐 크나
닫 기에좋은때 니 기어이— 원을이뤄 금생

큰— 님— 의은 혜 갚으리라아미타— 불—
에— 구제중 생 불은갚길아미타— 불—

Fine

부록4 - 가슴으로 부르는 불심의 노래    167

# 소중한 삶

작사 문재현
작곡 배신영
노래 홍노경

(모데라토) ♩ = 100

# 석가모니불

국악가요

작사 문재현
작곡 배신영
노래 홍노경

석가 모니불 –
석가 모니불 –

거룩한 – 석가 모니불 – 하늘땅에 – 유일한 – 님 – 이기 에 우러
거룩한 – 석가 모니불 – 하늘땅에 – 유일한 – 님 – 이기 에 우러

러 간절 하게 – 기도하 면 내 소원이루어 지지요 – 탐 – 욕
러 가르 침을 – 따른다 면 언제나행복하 지 요 – 선 – 법

을 – 보시로 다 스려서 행 – 하고 진 – 심을 – 인
을 – 깨달아 생활화를 함으로써 이 – 세 – 상 – 이

욕으로 – 실천하면우 리 바라 는 그 세 – 상 – 활 짝 – 열리네 불 – 법의
대로를 – 낙원으로님 – 이 바 – 라신 그 소 – 원 – 꽃 을 – 피우리 불 – 법의

진리 깨달으면 – 함 없 – 는 – 함 – 으로 – 님 의은혜 갚으 –
진리 깨달 으면 – 함 없 – 는 – 함 – 으로 – 님 의은혜 갚으 –

리 석가 – 모 – 니 – 불 – 우 리 – 부처 – 님 –
리 석가 – 모 – 니 – 불 – 우 리 – 부처 – 님 –

Fine

# 맹서의 노래

작사 문재현
작곡 배신영
노래 홍노경

느리게

# 염원의 노래

작사 문재현
작곡 배신영
노래 홍노경

느리게

# 음성공양

느리게 작사 문재현 / 작곡 배신영 / 노래 홍노경

# 발심가

작사 문재현
작곡 배신영
노래 홍노경

보사노바

**A** C · G · Am · F

C · Am · Dm⁹ · G

**B** C · Am · Dm⁹ · G

우 - 리 네 한 세 상 - 　보 람 찬 삶 - 으 로
참 - 나 를 깨 달 아 - 　보 림 을 하 - 고 요
본 - 연 - 한 몸 의 - 　능 력 을 베 - 풀 어
눈 - 깜 박 하 는 새 - 　한 세 상 다 - 가 고

C · Am · Dm · G · C

바 꾸 기 위 - 하 여 - 　닦 아 들 봅 - 시 다
자 비 심 발 - 하 여 - 　구 제 길 나 - 서 서
극 - 락 세 - 계 - 　장 엄 을 하 - 구 요
부 귀 와 공 - 명 은 - 　잠 시 의 꿈 - 이 라

F · G · C · G

청 춘 - 홍 안 이 - 　얼 마 나 길 - 던 가
중 생 들 세 계 에 - 　고 통 을 없 - 애 어
둥 실 - 두 둥 실 - 　누 리 기 위 - 하 여
이 러 한 되 풀 이 - 　금 생 에 끝 - 내 어

F · Am · G · A/C · C · G⁷⁽♭⁹⁾

꿈 꾸 는 사 - 이 에 - 　백 발 이 된 - 다 네
극 락 이 되 - 도 록 - 　최 선 을 다 - 하 세
오 늘 의 어 - 려 움 - 　극 복 을 해 - 내 세
윤 회 의 사 슬 에 서 - 　벗 어 나 납 - 시 다

1-2절 D.C
3-4절

# 자비의 품

작사 문재현
작곡 배신영
노래 홍노경

느리게

자 대비보살 의 사랑 알지못 하고 -
자 대비보살 의 사랑 자비의 품을 -

외면한 저중생 들을 - 그래도가 - 없어 -
떠나간 저중생 들을 - 저리도애 - 타게 -

잇 - 지못하 는 그 진한 - 마음 모른
부르고부르 는 절절한 - 마음 새기

체 하고 - 업따라 갈수가있 - 나 - 아 - 아 하늘땅
고 새기면 - 업따라 갈수가있 - 나 - 아 - 아 하늘땅

사 이 - 다시 또 없는 자비의 품에 어서돌아 와
사 이 - 다시 또 없는 자비의 품에 어서돌아 와

감 로 수 에 소 - 원이루 - 라 -
감 로 수 에 소 - 원이루 - 라 -

Fine

# 부처님 은혜 1

작사 문재현
작곡 배신영
노래 홍노경

느리게

노을이 짙고 새둥지 - 찾을땐 - 부처님의 절절한 - 말씀 생각이나고

눈에이슬 맺힌채 - 참회기도 - 명상으로써 억 겁 업을 -

재우노라면 구름그늘 - 서늘한바람 불어옴을 - 맞음 이랄까 -

상쾌하고 확트인 가슴 - 희망의미 - 소

입가에 번 지 - 고 콧노래가절로흘러나온다 - 고맙

습니다 - 참 고맙습니다 더없이큰부처님은 혜

구류중생을 - 구제함으로써 갚는것이서원 - 입니다 서원

향해 - 뛸 - 것 - 입니다 - 서원향해 다할것입니 - 다 -

Fine

# 보살의 은혜

작사 문재현
작곡 배신영
노래 홍노경

느리게

파 - 도 에　실 려 떠 가 는　낙엽같이 살아가는 인 생 -
구 원 코 자 - 따 라 주 며　같 이 하 는 자 - 비 인 데 -
제 안 경 에　보 인 대 로　말 들 - 하 - 지 만 -
눈 이 멀 고　귀 가 먹 은　저 들 - 이 - 지 만 -
못 들 은 척 - 모 르 는 척　최 - 선 - 다 하 - 리
황 소 처 럼 - 지 장 처 럼　최 - 선 - 다 하 - 리
바 - 른 눈　바 - 른 맘　통 쾌 - 히 열 어 라 -
지 - 혜 눈　지 - 혜 맘　통 쾌 - 히 열 어 라 -
아 - 아　아 - 아　그 - 날 - 이
아 - 아　아 - 아　그 - 날 - 이
그 - 날 이　오 기 만 을 기 다 리 는 마 - 음 -
그 - 날 이　오 기 만 을 기 다 리 는 마 - 음 -

176    화엄경 45권

# 이 생에 해야 할 일

작사 문재현
작곡 배신영
노래 홍노경

# 구도의 목표

작사 문재현
작곡 배신영
노래 홍노경

느리게

눈 뜨면 관음 우러러 보문을 따르며 - 하
루 하루 를 최 선 - 다 하 는 일 에
언 제 나 떳떳한 불 자 로 서원코 큰은 혜 갚는 보 살 - 행 -
대 자 대 비를 - 베 - 풀어 어느때 어느곳 그 무 엇 - 가리지 않는
이 - 로 - 제 - 일 의 - 사 표가 될 것을 목 표 로 삼 을
겁 니 다 아 아 사 바 의 세 계 가
다 하 는 - 그 날 까 지

# 님은 아시리

작사 문재현
작곡 배신영
노래 홍노경

Moderato ♩ = 100

사 계 절 의 - 풍 광 인 들 - 위 로 - 되 - 겠 - 니
같 이 - 되 지 않 아 - 기 도 에 - 젖 - 은

- 서 사 의 - 음 률 인 들 - 쉬 - 어 지 - 겠 - 니 - 뜻 과
이

마 음 - 님 은 - 아 - 시 - 리 - 한 세 상 열
청 춘 의 모

정 쏟 아 닦 는 수 행 길 - 불 보 살 님 출 현 하 셔 베
든 욕 망 사 뤄 버 리 고 - 회 광 반 조 촌 각 아 낀 열

푼 자 - 비 - 에 - 모 - 든 망 상 - 모 - 든 번 - 뇌
정 쏟 아 - 서 - 이 룬 선 정 - 그 효 력 -

뇌 없 었 으 면 좋 으 련 만 마 음 대 로 - 안 되 는 게 - 수 행 이 더
이 있 었 으 면 좋 으 련 만 마 음 대 로 - 안 되 는 게 - 보 림 이 더

D.S. al Coda

Fine

라 수 행 이 더 라 - 마 음 대 로 - 안 되 는 게 - 수 행 이 더 라 수 행 이 더 라 -
라 보 림 이 더 라 -

# 부처님 은혜 2

작사 문재현
작곡 배신영
노래 홍노경

느리게

# 성중성인 오셨네

(초파일노래)

작사 문재현
작곡 배신영
노래 홍노경

# 내 문제는 내가 풀자 1

작사 문재현
작곡 배신영
노래 홍노경

# 즐거운 밤

작사 문재현
작곡 배신영
노래 홍노경

산 사의 - 연 등 불빛 - 아롱 다롱 - 한 들 한 들 -

그 윽 한 울림속 의 - 모두가 정 - 성 -

맘 모 은 축하속 꿈 실은 - 발 원 의 미 소를지으며

즐겁게노래하면 - 아롱 다롱 연등 불도 흥 거 웁고 - 자 비

한 여 래 품 의 포 근 한 이 한 밤

을 석 - 가 모 니 - 불 - 석가모니불 - 나 -

무 석 - 가 - 모 니 - 불 -

Fine

# 관음가

작사 문재현
작곡 배신영
노래 홍노경

꽃을 보아도 먼 산을 보아도 그리움그리움이 - 더해-
진 관 세 음 관 - 세 음 은-
포 - 근 한 아 - 아 - 품 이 - 랍 니 - 다-
기쁠 때 에 도 어 - 려 울 때 에 도 자 애
로 다 가 오 셔 - 서 힘 - 이 되 -
신 관 - 세 음 관 세 음 은 - 포 근 한 - 품 - 이 랍 니
- 다 -

Fine

# 부처님

작사 문재현
작곡 배신영
노래 채연희

Slow GoGo ♩= 80

이 슬방울 의 아 침햇빛 보다 -
영 롱한 님이 시 고 _ 금 구슬에- 반 짝이는 -
빛 보 다 아 름 다운님이 시 며 -
보 석의 찬란한 빛 보 다 눈 부 신 님이시기 에 생각
만 하여도 설레이 고 이 름 만 들어도 행 복 한 님
영 원 한 우 리 들 의 님 이 십 니 - 다

# 열반재일

작사 문재현
작곡 배신영
노래 채연회

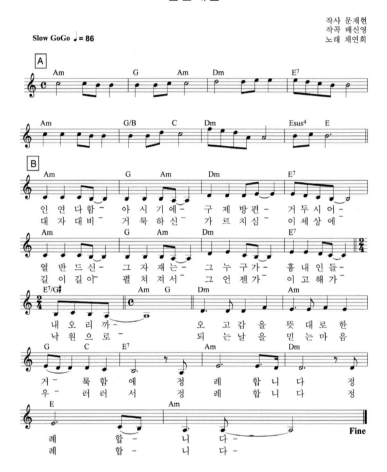

# 성도재일

작사 문재현
작곡 배신영
노래 채연희

# 석굴암의 노래

작사 문재현
작곡 배신영
노래 채연희

# 님의모습

작사 문재현
작곡 배신영
노래 채연희

합 장 속 의 봉 - 화 처 럼
대 자 비 의 육 - 신 통 을
님 의 모 습 그 - 위 력 에

나 타 나 신 모 - 습
갖 춰 나 신 툰 모 - 습
보 림 이 룬 마 - 음

사 색 속 의 태 - 앙 처 럼
우 리 들 의 온 - 갖 소 원
님 의 모 습 나 - 툰 찰 나

나 타 나 신 - 모 - 습
이 뤄 주 신 - 모 - 습
둘 이 아 닌 - 마 - 음

아 - 아 - 미 소 속 - 의
아 - 아 - 백 천 삼 - 매
아 - 아 - 님 의 모 - 습

무 지 개 를     타  -  고   나 - 툰 - 모 -
나 에 게 서     깨 - 워   주 - 신 - 모 -
그 대 로 가     유 - 마   묵 - 연 - 마 -

습
습
음

**Fine**

# 믿고 따르세

작사 문재현
작곡 배신영
노래 채연희

고 - 해일 - 러    낙원이라 한    불보 - 살님그 - 말씀    의
참 - 나깨 - 친    밝은지혜로    선행 - 닦아사 - 상없    는

진 실한 경지    알 려 - 거든    보 고 듣 는    그 곳 향 해
일 상의 생활    이 루 - 는 날    고 해 일 러    낙 원 이 란

명 - 상 하 - 게    명 상 - 으로분 -    별
말 - 씀의 - 뜻    내 - 뜻 - 되 -    어

망 상없 - 어 지 고    고 요 로 움    극 해 지 면
큰 웃 음을 - 껄껄짓    고    대 장 부 로    삼 계 구 할

불 멸 의 나 깨 - 치    네
서 원 세 워 행 - 하    리

Fine

# 신명을 다하리

작사 문재현
작곡 배신영
노래 채연희

# 부처님께 바치는 마음

작사 문재현
작곡 배신영
노래 채연희

# 감사합니다

작사 문재현
작곡 배신영
노래 채연희

# 교화가

작사 문재현
작곡 배신영
노래 채연희

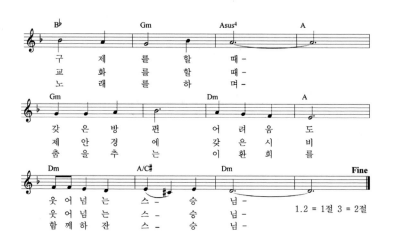

구 제 를 할 때 -
교 화 를 할 때 -
노 래 를 하 며 -

갖 은 방 편 어 려 움 도
제 안 경 에 갖 은 시 비
춤 을 추 는 이 환 희 를

웃 어 넘 는 스 - 승 님 -
웃 어 넘 는 스 - 승 님 -
함 께 하 잔 스 - 승 님 -

1.2 = 1절 3 = 2절

# 섬진강 소초

# 권수가 1

작사 문재현
작곡 배신영
노래 채연희

아니아니 - 닦지는 못하리라 - 일³분과 일각-도-
아니아니 - 닦지는 못하리라 - 한송이 떨어진 꽃을낙화 진 다 고

허 - 송하지말게 눈 - 감 아 - 뜨는사이백 - 발 - 과 주름일세 -
서러워마라한번 피 - 었 다 - 꽃이지듯우리저렇듯 지 고 마 는 -

어 서수행을하여영원한 참나를알고사 - 세 -
슬 픈나날이흘러흘 - 러 흘러만가니어이하 리 -

이 것이것 이것이뭐 꼬 뭐꼬 라고한 - 이것이 뭐
차 착각 - 저초침소 리 검은 옷으로 - 다 가 오

꼬 - 보 일듯이아니보이 고
는 - 저 승의사자소 - 리

# 권수가 2

작사 문재현
작곡 배신영
노래 채연회

두타의수행을 인내로써 하루하루를 수행해왔던
역-대조-사 무공적의 명-월삼경 이좋은밤을

결실로-얻어진 과위라네 얼씨구나 좋다
두둥실-두둥실 즐겨보세 얼씨구나 좋다

지 화 자 좋 네 아니닦지 는 -코러스-
지 화 자 좋 네 아니닦지 는

못 -- 하 리 - 라 Fine
못 - 하 리 - 라

# 우란분재일

작사 문재현
작곡 배신영
노래 채연회

# 고맙습니다

작사 문재현
작곡 배신영
노래 채연희

Waltz ♩= 108

A Am / Dm

C / E⁷

B Am / Dm

이 런 이 도 고 마 웁 고 저 런 이 도 고 마 우 며
이 런 일 도 없 었 고 - 저 런 일 도 없 었 고 -
어 려 운 일 없 었 다 면 안 되 는 일 없 었 다 면
참 을 인 자 공 덕 이 어 질 인 자 공 덕 이 -

C / E⁷ / 1.

모 - 두 가 고 맙 습 니 다 - 음
모 - 두 가 없 었 다 - 면 -
고 - 마 움 알 았 으 리 오 -
이 - 리 도 큰 거 란 - 걸 -

2. Am / Am / Dm

음 백 겁 천 생 놉 - 쓸 업
알 고 보 니 님 - 의 은

Em / Am / C

장 닦 지 못 했 을 걸 고 - 마 워
혜 님 의 은 혜 일 세 고 - 마 워

E⁷ / Am / G / C

요 고 마 워 - 요 정 말 정 말
요 고 마 워 - 요 정 말 정 말

Em / Am

고 맙 습 니 다 -
고 맙 습 니 다 -

Fine

# 믿음으로 여는 세상

작사 문재현
작곡 배신영
노래 채연희

우리들모두가　부처님의지해 -　활짝열린가슴으로　써
우리들모두가　참선을할때는　모두비워명경지수　로

다 같 이 도 와 서 -　살 아 들 간 - 다 면　훈풍같은앞날이리 라
참 나 를 관 조 해 -　실 경 에 사 - 무 쳐　깨달아서활짝웃는 날

아 - 즐 - 겁 게　즐겁게마 - 음을　다스려참모습을　이루노라 면
아 - 즐 - 겁 게　즐겁게법 - 담을　함으로꽃피울걸　맹세를하 고

정 - 토의세상 이　우 리 를 맞 - 으리　우리모두기도합시
정 - 진에정진 을　정 진 에 정 - 진을　우리모두실천합시

다　다 같 이 기 도 합 시 - 다
다　다 같 이 실 천 합 시 - 다

**Fine**

# 출가재일

작사 문재현
작곡 배신영
노래 채연희

Moderato ♩ = 106

**A**

Gm    Cm    B♭    D

Gm    G/B    Cm    A♭    D

**B**

Gm    Cm    B♭    D

장하십니다    장하십니다
장하십니다    장하십니다

Cm    D    Gm

그의지가    장하십니다
갖은역경    부딪쳐서도

Gm    F/A    B♭    D7

이세상의모든사람탐을내는    왕의지위와
초지일관변함없음우러러서    존경합니다

Cm    Gm    A♭    D

왕비와의궁중낙을미련없이버리시고
나밖에서찾으려는어리석음버리고서

Gm    D    B♭    D

고 _ 행수 _ 도    하겠다한 _ 굳은의지    머리
내 _ 안에 _ 서    찾으려한 _ 깨침향한    굳은

D    Gm    D7    Bis    G    B

숙여찬탄합니다    찬탄합니다
의지찬탄합니다    찬탄합니다

**Fine**

# 염원

작사 문재현
작곡 배신영
노래 채연회

# 우리네 삶, 고운 수로

작사 문재현
작곡 배신영
노래 채연회

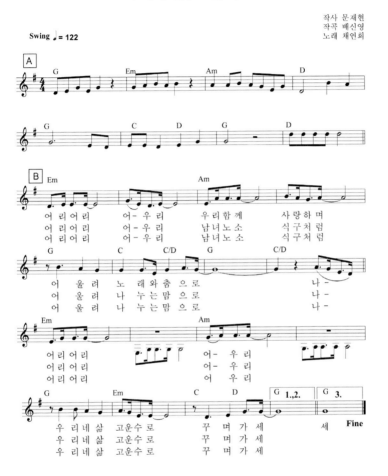

# 숲속의 마음

작사 문재현
작곡 배신영
노래 채연희

208 화엄경 45권

# 사색

작사 대원 문재현
작곡 배신영

조 용 - 히 눈 - 감 고 - 서　참 - 나를살펴 - 봐 요
조 용 - 한 사 - 색으 - 로　깨 - 달 아살펴 - 보 면

갖 은 생 각　모 든 행 이　이 로좋아 있 건 만 -　은
온 갖 지 혜　모 든 덕 이　이 로좋아 있 - 음 -　에

색 깔 도 모 양 도 없 어　알 - 고 파 서　사 색 일 세 모 든 걸 내 려 놓 고 -
그 능 력 배 풀 고 펼 쳐　누 - 리 려 고　수 행 일 세 모 두 를 다 비 우 고 -

쉬 는 시 간 사 색 으 로　한 걸 음 또 한 걸 음 다 가 서 는 노 력 다 해　기 어 이 성 취 하 여
님 의 자 취 따 름 으 로　한 걸 음 또 한 걸 음 극 락 세 계 다 가 가 서　기 어 이 성 취 하 여

낙 원 의 - 삶 - 누 리 려　네
너 나 없 - 이 - 누 려 보　세

# 천부경을 아시나요

작사 대원 문재현
작곡 배신영

우리조상 깊－은진리 천부경을아시나 요
바른진리 깨－달아서 이세상을바로봐 요

여든－－ 한－자속에누 리의－온이－치－ 를
마음－－ 의 능－력으로 펼 쳐놓은장엄－이－ 라

남 김없이－ 담 으셨－네－ 필부의사내－ 라 도
화 려하고－ 아 름답－네－ 이땅인이대－ 로 가

마 음을－갈고닦－ 아 영원 한참－나깨－ 쳐
낙 원의－세계이－ 니 노래 와춤－으로－ 써

환 인－ 큰은혜에 보 답－ 해사 － 세
어 깨－ 동무하고 영 원－ 히사 － 세

# 보살가

작사 대원 문재현
작곡 김동환

너무느리지않게  ♩ = 80

세상사에어 울린 구 제의길
어려움도웃어넘긴 이 마음을    흰 구름너도알리 라
성불의보리과를 이루기위해    두타의수행으로 써

이세계저세계서 닦았던보현행을 영원히펼치 — 리

## 출간도서

바로보인 전등록 전 5권
바로보인 무문관
바로보인 벽암록
바로보인 천부경·교화경·치화경
바로보인 금강경
세월을 북채로 세상을 북삼아
영원한 현실
바로보인 신심명
바로보인 환단고기 전 5권
바로보인 선문염송 전 30권
앞뜰에 국화꽃 곱고 북산에 첫눈 희다
바로보인 증도가
바로보인 반야심경
선을 묻는 그대에게 1·2
바로보인 선가귀감
바로보인 법융선사 심명
주머니 속의 심경
바로보인 법성게
달다 -전강 대선사 법어집
기우목동가
초발심자경문
방거사어록

실증설
하택신회대사 현종기
불조정맥 - 한·영·중 3개국어판
바른 불자가 됩시다
누구나 궁금한 33가지
108진참회문 - 한·영·중 3개국어판
달마의 일할도 허락지 않는다
마음대로 앉아 죽고 서서 죽고
화두 - 한·영·중 3개국어판
바로보인 간당론
완전한 우리말 불공예식법
바로보인 유마경
실증설 5개국어판 - 한·영·불·서·중
누구나 궁금한 33가지 3개국어판
- 한·영·중
달마의 일할도 허락지 않는다
3개국어판 - 한·영·중
화엄경 전 81권 중 44권
법성게 3개국어판 - 한·영·중
정법의 원류
바로보인 도가귀감
바로보인 유가귀감

## 출간예정 도서

화엄경 46권 ~ 81권
바로보인 능엄경 제6권
바로보인 원각경
바로보인 육조단경
바로보인 대전화상주 심경
바로보인 전등록 전 30권
바로보인 위앙록
해동전등록
말 밖의 말
언어의 향기

농선 대원 선사 선송집
진리와 과학의 만남
바로보인 5대 종교
금강경 야부송과 대원선사 토끼뿔
선재동자 참알 오십삼선지식
경봉선사 혜암선사 법을 들어 설하다
십현담 주해
불교대전
태고보우선사어록

# 법문 MP3를 주문판매합니다

부처님의 78대손이신 농선 대원 전법선사님의 법문 MP3가 나왔습니다. 책으로만 보아서는 고준하여 알기 어려웠던 선문의 이치들이 자세히 설하여져 있어서, 모든 궁금증을 시원하게 풀어줄 것입니다.

- 천부경 : 15,000원
- 신심명 : 30,000원
- 현종기 : 65,000원
- 기우목동가 : 75,000원
- 반야심경 : 1회당 5,000원 (총 32회)
- 선가귀감 : 1회당 5,000원 (총 80회)

- 금강경 : 40,000원
- 법성게 : 10,000원
- 법융선사 심명 : 100,000원

# 대원 선사님 작사 노래 CD 주문판매합니다

가슴으로 부르는
불심의 노래

1. 서 원 가 (3:36)
2. 반조 염불가 (4:00)
3. 소중한 삶 (2:30)
4. 석가모니불 (4:52)
5. 병서의 노래 (4:25)
6. 염원의 노래 (3:25)
7. 음성 공양 (3:51)
8. 발 심 가 (3:05)
9. 자비의 품 (4:10)
10. 부처님 은혜(첫 번째) (4:34)

11. 보살의 마음 (3:50)
12. 이 생에 해야 할 일 (3:08)
13. 구도의 목표 (3:18)
14. 님은 아시리 (3:42)
15. 부처님 은혜(두 번째) (4:34)
16. 성중성인 오셨네 (3:10)
17. 내 문제는 내가 풀자 (2:38)
18. 즐거운 밤 (2:27)
19. 관 음 가 (2:48)

• 가격 : 2만원

가슴으로 부르는
불심의 노래 2

1. 부 처 님 (4:01)
2. 열반재일 (3:09)
3. 성도재일 (4:00)
4. 석굴암의 노래 (3:19)
5. 님의 모습 (3:15)
6. 믿고 따르세 (2:55)
7. 신명을 다하리 (4:17)
8. 부처님께 바치는 마음 (3:49)
9. 감사합니다 (3:10)
10. 교 화 가 (4:30)

11. 삼천강 소초 (3:08)
12. 권 수 가[1] (3:02)
13. 권 수 가[2] (3:02)
14. 우란분재일 (3:38)
15. 고맙습니다 (2:31)
16. 믿음으로 여는 세상 (3:05)
17. 출가재일 (2:44)
18. 염 원 (2:52)
19. 우리네 삶, 고운 수로 (2:35)
20. 숲속의 마음 (2:33)

佛心

• 가격 : 1만5천원

문의 전화 ☎ 031-534-3373

유튜브에서 채널 구독하시고
무료로 찬불가 앨범을 감상하세요

유튜브에서 MOONZEN을 검색하시거나
아래의 주소로 접속해주세요

http://www.youtube.com/user/officialMOONZEN